Projet OCDE/G20 sur l'érosion de la base d'imposition et le transfert de bénéfices



# Empêcher les mesures visant à éviter artificiellement le statut d'établissement stable, Action 7 - Rapport final 2015

OCDE
DES POLITIQUES MEILLEURES POUR UNE VIE MEILLEURE

Ce document et toute carte qu'il peut comprendre sont sans préjudice du statut de tout territoire, de la souveraineté s'exerçant sur ce dernier, du tracé des frontières et limites internationales, et du nom de tout territoire, ville ou région.

**Merci de citer cet ouvrage comme suit :**
OCDE (2016), *Empêcher les mesures visant à éviter artificiellement le statut d'établissement stable, Action 7 - Rapport final 2015*, Projet OCDE/G20 sur l'érosion de la base d'imposition et le transfert de bénéfices, Éditions OCDE, Paris.
*http://dx.doi.org/10.1787/9789264255227-fr*

ISBN 978-92-64-25521-0 (imprimé)
ISBN 978-92-64-25522-7 (PDF)

Série : Projet OCDE/G20 sur l'érosion de la base d'imposition et le transfert de bénéfices
ISSN 2313-2620 (imprimé)
ISSN 2313-2639 (en ligne)

Les données statistiques concernant Israël sont fournies par et sous la responsabilité des autorités israéliennes compétentes. L'utilisation de ces données par l'OCDE est sans préjudice du statut des hauteurs du Golan, de Jérusalem-Est et des colonies de peuplement israéliennes en Cisjordanie aux termes du droit international.

**Crédits photo :** Couverture © ninog – Fotolia.com

Les corrigenda des publications de l'OCDE sont disponibles sur : *www.oecd.org/about/publishing/corrigenda.htm*.

# *Avant-propos*

Les questions fiscales internationales sont aujourd'hui plus que jamais au cœur des préoccupations des pouvoirs publics. L'intégration des économies et des marchés nationaux a connu une accélération marquée ces dernières années, mettant à l'épreuve le cadre fiscal international conçu voilà plus d'un siècle. Les règles en place ont laissé apparaître des fragilités qui sont autant d'opportunités pour des pratiques d'érosion de la base d'imposition et de transfert de bénéfices (BEPS), appelant une action résolue de la part des dirigeants pour restaurer la confiance dans le système et faire en sorte que les bénéfices soient imposés là où les activités économiques sont réalisées et là où la valeur est créée.

À la suite de la parution du rapport intitulé *Lutter contre l'érosion de la base d'imposition et le transfert de bénéfices* en février 2013, les pays de l'OCDE et du G20 ont adopté en septembre 2013 un Plan d'action en 15 points visant à combattre ces pratiques. Les 15 actions à mener s'articulent autour de trois principaux piliers : harmoniser les règles nationales qui influent sur les activités transnationales, renforcer les exigences de substance dans les standards internationaux existants, et améliorer la transparence ainsi que la certitude.

Depuis lors, tous les pays de l'OCDE et du G20 ont œuvré sur un pied d'égalité, et la Commission européenne a également apporté sa contribution tout au long du projet BEPS. Les pays en développement ont été étroitement associés au moyen de différents mécanismes, notamment une participation directe aux travaux du Comité des affaires fiscales. En outre, des organisations fiscales régionales, comme le Forum sur l'administration fiscale africaine (ATAF), le Centre de rencontres et d'études des dirigeants des administrations fiscales (CREDAF), et le Centre interaméricain des administrations fiscales (CIAT), ont travaillé aux côtés d'organisations internationales, telles que le Fonds monétaire international (FMI), la Banque mondiale et les Nations Unies. Les parties prenantes ont été largement consultées : au total, le projet BEPS a fait l'objet de plus de 1 400 contributions d'entreprises, de fiscalistes, d'ONG et d'universitaires. 14 réunions publiques de consultation se sont tenues et ont été transmises en direct sur l'Internet, tandis que le Secrétariat de l'OCDE a diffusé des sessions interactives sur le Web afin de tenir le public informé de l'évolution du projet et de répondre à ses questions.

Après deux ans de travail, les 15 rapports prévus par le Plan d'action ont été établis. Tous ces rapports, y compris ceux publiés à titre provisoire en 2014, ont été réunis au sein d'un ensemble complet de mesures, qui représente le premier remaniement d'importance des règles fiscales internationales depuis près d'un siècle. La mise en œuvre des nouvelles mesures devrait conduire les entreprises à déclarer leurs bénéfices là où les activités économiques qui les génèrent sont réalisées et là où la valeur est créée. Les stratégies de planification fiscale qui s'appuient sur des règles périmées ou sur des dispositifs nationaux mal coordonnés seront caduques.

La mise en œuvre revêt donc une importance cruciale à ce stade. L'application des mesures prévues passe par des modifications de la législation et des pratiques nationales et par l'adoption de nouvelles dispositions conventionnelles, grâce à la négociation d'un instrument multilatéral qui devrait aboutir en 2016. Les pays de l'OCDE et du G20 ont également décidé de poursuivre leur coopération en vue de garantir une application cohérente et coordonnée des recommandations issues du projet BEPS. La mondialisation exige de trouver des solutions de portée mondiale et de nouer un dialogue mondial qui va au-delà des pays de l'OCDE et du G20. Pour promouvoir cet objectif, les pays de l'OCDE et du G20 concevront en 2016 un mécanisme complet de suivi auquel tous les pays intéressés participeront sur un pied d'égalité.

Une meilleure compréhension de la manière dont les recommandations issues du projet BEPS sont mises en pratique pourrait limiter les malentendus et les différends entre États. Une attention accrue portée à la mise en œuvre des actions et à l'administration de l'impôt pourrait être bénéfique tant pour les États que pour les entreprises. Enfin, des solutions sont proposées pour améliorer les données et les analyses, ce qui permettra d'évaluer et de quantifier régulièrement l'impact des mécanismes d'érosion de la base d'imposition et transfert de bénéfices et les résultats des mesures issues du projet BEPS appliquées pour lutter contre ces pratiques.

# *Table des matières*

# *Abréviations et acronymes*

| | |
|---|---|
| **BEPS** | Érosion de la base d'imposition et le transfert de bénéfices (*Base erosion and profit shifting*) |
| **COP** | Règle du critère des objets principaux |
| **OCDE** | Organisation de coopération et de développement économiques |

# Synthèse

Les conventions fiscales prévoient généralement que les bénéfices d'une entreprise étrangère ne sont imposables dans un État que dans la mesure où l'entreprise possède dans cet État un établissement stable auquel les bénéfices sont attribuables. La définition d'un établissement stable figurant dans les conventions fiscales est dès lors capitale s'agissant de déterminer si une entreprise non résidente doit s'acquitter de l'impôt sur le revenu dans un autre État.

Le *Plan d'action concernant l'érosion de la base d'imposition et le transfert de bénéfices* (Plan d'action BEPS, OCDE, 2013b) a appelé à une révision de cette définition afin d'empêcher le recours à certaines stratégies d'évasion fiscale qui sont actuellement utilisées pour contourner la définition existante d'établissement stable, comme des accords par lesquels des contribuables remplacent des filiales qui interviennent traditionnellement comme distributeurs par des « accords de commissionnaire », entraînant un transfert de bénéfices en dehors du pays où les ventes ont lieu sans qu'il y ait modification substantielle des fonctions accomplies dans ce pays. Des modifications de la définition d'établissement stable sont également nécessaires pour empêcher l'exploitation des exceptions spécifiques à la définition d'établissement stable actuellement prévues par le paragraphe 4 de l'article 5 du Modèle de Convention fiscale de l'OCDE (2014), une question particulièrement pertinente dans l'économie numérique.

Le présent rapport inclut les modifications qui seront apportées à la définition d'établissement stable de l'article 5 du Modèle de Convention fiscale de l'OCDE, qui est largement utilisée comme référence pour négocier les conventions fiscales, suite au travail relatif à l'Action 7 du Plan d'action BEPS.

Avec les modifications des conventions fiscales proposées dans le rapport relatif à l'Action 6 (*Empêcher l'octroi des avantages des conventions fiscales lorsqu'il est inapproprié d'accorder ces avantages,* OCDE, 2015a*)*, les modifications recommandées dans le présent rapport rétabliront l'imposition dans un certain nombre de cas où, en l'absence de telles modifications, le revenu tiré d'activités transnationales serait soumis à un taux nul ou très faible suite aux dispositions des conventions fiscales. Ces modifications des conventions fiscales, prises conjointement, permettront aux pays de résoudre les problèmes d'érosion de la base d'imposition et de transfert de bénéfices qui résultent des conventions fiscales, ce qui était un aspect central du travail prescrit par le Plan d'action BEPS.

## Évitement artificiel du statut d'établissement stable par l'utilisation d'accords de commissionnaire et de stratégies similaires

Un « accord de commissionnaire » peut se définir grosso modo comme un accord par lequel une personne vend des produits dans un État sous son propre nom, mais pour le compte d'une entreprise étrangère qui est la propriétaire de ces produits. Ce type d'accord permet à une entreprise étrangère de vendre ses produits dans un État sans techniquement y posséder un établissement stable auquel ces ventes peuvent être attribués à des fins fiscales et, dès lors, sans que soient imposables dans cet État les bénéfices tirés de ces ventes. Puisque la personne qui conclut les ventes n'a pas la propriété des produits qu'elle vend, elle ne peut être soumise à l'impôt pour les bénéfices qu'elle retire de ces ventes et seule la rémunération qu'elle perçoit pour ces services (généralement, une commission) est imposable. Une entreprise étrangère qui a recours à un accord de commissionnaire n'a pas d'établissement stable parce qu'elle peut éviter l'application de l'article 5(5) du Modèle de Convention fiscale de l'OCDE dans la mesure où les contrats conclus par la personne agissant en qualité de *commissionnaire* n'engagent pas l'entreprise étrangère. Étant donné que l'article 5(5) se fonde sur la conclusion formelle de contrats au nom de l'entreprise étrangère, il est possible d'éviter l'application de cette règle en modifiant les termes des contrats sans qu'il y ait modification substantielle des fonctions accomplies dans un État. Les accords de commissionnaire ont été une préoccupation majeure des administrations fiscales dans beaucoup de pays, comme le montre un certain nombre de cas traitant de ces accords qui ont portés devant les tribunaux dans les pays de l'OCDE. Dans la plupart des cas portés devant les instances judiciaires, les arguments de l'administration fiscale ont été rejetés.

Des stratégies similaires qui évitent l'application de l'article 5(5) concernent des situations dans lesquelles des contrats qui, dans les faits, sont négociés dans un État ne sont pas formellement conclus dans cet État parce qu'ils sont complétés ou autorisés à l'étranger, ou dans lesquelles la personne qui est ordinairement habilitée à conclure des contrats constitue un « agent indépendant » auquel s'applique l'exception prévue par l'article 5(6), même si elle est étroitement liée à l'entreprise pour le compte de laquelle elle agit.

Sur le plan de la politique fiscale, lorsque les activités qu'un intermédiaire exerce dans un pays visent la conclusion régulière de contrats devant être exécutés par une entreprise étrangère, celle-ci devrait être considérée comme ayant une présence imposable dans ce pays, sauf si l'intermédiaire exerce ces activités dans le cadre d'une entreprise indépendante. Les modifications de l'article 5(5) et 5(6) et le commentaire détaillé qui s'y rapporte, tels qu'ils figurent à la section A du présent rapport, règlent la question des accords de commissionnaire et des stratégies similaires en veillant à ce que la formulation de ces dispositions traduisent mieux cette politique sous-jacente.

## Évitement artificiel du statut d'établissement stable par le jeu des exceptions spécifiques prévues à l'article 5(4)

Lorsque les exceptions à la définition d'établissement stable qui figurent à l'article 5(4) du Modèle de Convention fiscale de l'OCDE ont été initialement instaurées, les activités correspondant à ces exceptions étaient généralement considérées comme revêtant un caractère préparatoire ou auxiliaire.

Depuis l'instauration de ces exceptions, des changements radicaux sont toutefois intervenus dans la manière d'organiser l'activité des entreprises. Cette évolution est décrite en détail dans le rapport relatif à l'Action 1 (*Relever les défis fiscaux posés par l'économie numérique,* OECD, 2015b). En fonction des circonstances, des activités considérées précédemment comme revêtant uniquement un caractère préparatoire ou auxiliaire peuvent aujourd'hui correspondre aux activités essentielles de l'entreprise. Afin d'assurer que les bénéfices tirés de ces activités essentielles effectuées dans un pays soient imposables dans ce pays, l'article 5(4) est modifié de telle sorte que chacune des exceptions qu'il prévoit soit limitée aux activités qui revêtent par ailleurs un caractère « préparatoire ou auxiliaire ». Ces modifications figurent à la section B du présent rapport.

Une des vecteurs d'érosion de la base d'imposition et de transfert de bénéfices lié à l'article 5(4) résulte aussi de ce que l'on qualifie d'ordinaire de « fragmentation des activités ». Étant donné la facilité avec laquelle les entreprises multinationales peuvent modifier leurs structures pour obtenir des avantages fiscaux, il importe de préciser qu'il n'est pas possible d'éviter le statut d'établissement stable en fragmentant un ensemble cohérent d'activités d'entreprise en plusieurs petites opérations afin de faire valoir que chaque partie n'effectue que des activités préparatoires ou auxiliaires qui bénéficient des exceptions visées à l'article 5(4). La règle anti-fragmentation proposée à la section B résoudra ces problèmes d'érosion de la base d'imposition et de transfert de bénéfices.

## Autres stratégies visant à éviter artificiellement le statut d'établissement stable

L'exception visée à l'article 5(3), qui s'applique aux chantiers de construction, a donné lieu à des abus par la pratique de la fragmentation de contrats entre des entreprises étroitement liées. La règle du critère des objets principaux (COP) qui sera ajoutée au Modèle de Convention fiscale de l'OCDE suite à l'adoption du rapport relatif à l'Action 6 (*Empêcher l'octroi des avantages des conventions fiscales lorsqu'il est inapproprié d'accorder ces avantages*)[1] règlera les problèmes d'érosion de la base d'imposition et de transfert de bénéfices liés à ces abus. Afin de clarifier cela, l'exemple figurant à la section C du présent rapport sera ajouté aux Commentaires relatifs à la règle du critère des objets principaux. Pour les États qui ne sont pas en mesure de résoudre le problème par des règles nationales anti-abus, une règle plus automatique sera inclue dans les Commentaires en tant que disposition qui devrait figurer dans les conventions qui n'incluent pas la règle COP ou en tant que disposition alternative à utiliser par les pays spécifiquement concernés par la fragmentation des contrats.

## Suivi, y compris à l'égard des problèmes liés à l'attribution des bénéfices aux établissements stables

Les modifications apportées à la définition d'établissement stable, telles qu'elles figurent dans le présent rapport, compteront parmi les modifications qui seront proposées pour inclusion dans l'instrument multilatéral qui mettra en œuvre les résultats du travail sur les questions liées aux conventions examinées dans le cadre du plan d'action BEPS.

D'autre part, afin d'assurer un plus grand degré de certitude en ce qui concerne la détermination des bénéfices à attribuer aux établissements stables qui résulteront des modifications incluses dans le présent rapport et de tenir compte de la nécessité d'instructions complémentaires sur la question de l'attribution de bénéfices aux établissements stables, un travail de suivi sur les problèmes d'attribution de bénéfices liés à l'Action 7 sera effectué afin de fournir les instructions requises avant la fin de 2016, qui est l'échéance pour la négociation de l'instrument multilatéral.

# Contexte

1. À la demande du G20, l'OCDE a publié en février 2013 le rapport intitulé *Lutter contre l'érosion de la base d'imposition et le transfert de bénéfices* (Rapport BEPS, OCDE, 2013a). Le rapport BEPS identifie les causes fondamentales de l'érosion de la base d'imposition et du transfert de bénéfices et note que la planification fiscale à l'origine de ce phénomène est centrée sur une combinaison de stratégies coordonnées. Le paragraphe suivant du rapport BEPS se rapporte à la définition conventionnelle actuelle de l'établissement stable.

> Il est admis depuis bien longtemps que le concept d'établissement stable désigne non seulement une présence physique substantielle dans le pays concerné, mais également des situations dans lesquelles le non-résident exerce des activités dans le pays concerné par l'intermédiaire d'un agent dépendant (d'où les règles figurant aux paragraphes 5 et 6 de l'article 5 du Modèle de l'OCDE). Il est aujourd'hui possible d'être fortement impliqué dans la vie économique d'un autre pays, par exemple en réalisant des transactions électroniques avec des clients situés dans ce pays, sans y avoir de présence imposable (présence physique substantielle ou existence d'un agent dépendant). À une époque où des contribuables non résidents peuvent tirer d'importants bénéfices de transactions avec des clients situés dans un autre pays, on doit se demander si les règles actuelles permettent une juste répartition des droits d'imposition des bénéfices commerciaux, notamment lorsque les bénéfices générés par ces transactions ne sont taxés nulle part.

2. Suite au rapport BEPS, l'OCDE a publié en juillet 2013 son Plan d'action BEPS. Le Plan d'action BEPS définit 15 actions pour résoudre de manière globale le problème de l'érosion de la base d'imposition et du transfert de bénéfices et fixe des échéances pour la mise en œuvre de ces actions. Il traite comme suit des stratégies d'évitement liées au concept d'établissement stable.

> ***(ii) Faire en sorte que les normes internationales puissent de nouveau s'appliquer pleinement et produisent tous leurs effets***
>
> […]
>
> ***La définition d'un établissement stable (ES) doit être mise à jour afin d'empêcher les abus.*** Dans de nombreux pays, l'interprétation des règles conventionnelles relatives à un agent constituant un établissement stable implique que des contrats régissant la vente de biens appartenant à une entreprise étrangère peuvent être négociés et conclus dans un pays par les vendeurs d'une filiale locale de cette entreprise étrangère, sans que les bénéfices générés par ces ventes ne soient imposables au même taux que si ces ventes étaient réalisées par un distributeur. Très souvent, cette faculté conduit les entreprises à remplacer des accords en vertu desquels la filiale locale intervenait traditionnellement comme distributeur par des « accords de commissionnaire » entraînant un transfert de bénéfices hors du pays où les ventes ont lieu, sans qu'il y ait modification substantielle des fonctions

accomplies dans ce pays. De la même manière, les entreprises multinationales peuvent fragmenter artificiellement leurs activités entre des entités multiples afin de pouvoir prétendre à l'exception au statut d'établissement stable prévue en cas d'activités de caractère préparatoire ou auxiliaire.

*ACTION 7* – ***Empêcher les mesures visant à éviter artificiellement le statut d'établissement stable***

*Modifier la définition de l'ES de manière à empêcher qu'une installation puisse échapper artificiellement à ce statut, dans l'optique de l'érosion de la base d'imposition et du transfert de bénéfices, notamment par l'utilisation d'accords de commissionnaire et le recours aux exemptions dont bénéficient des activités spécifiques. Les travaux sur ces questions devront également traiter les aspects connexes liés à l'attribution des bénéfices.*

3. Le rapport BEPS et le Plan d'action BEPS reconnaissent que la définition actuelle de l'établissement stable doit être modifiée pour répondre aux stratégies d'érosion de la base d'imposition et de transfert de bénéfices. Le Plan d'action BEPS reconnaît aussi que, dans un environnement fiscal international en mutation, un certain nombre de pays s'inquiètent de la façon dont les normes internationales sur lesquelles sont fondées les conventions fiscales bilatérales répartissent les droits d'imposition entre États de la source et de la résidence. Le Plan d'action BEPS indique que les mesures prises pour régler les problèmes BEPS permettront de rétablir l'imposition dans l'État de la source et dans celui de la résidence dans un certain nombre de cas où, en l'absence de telles mesures, les bénéfices tirés d'activités transnationales seraient soumis à un taux d'imposition nul ou très faible, mais ces mesures n'ont pas pour objectif direct de modifier les normes internationales existantes relatives à l'attribution des droits d'imposition des bénéfices transnationaux.

4. Le présent rapport inclut les modifications qui seront apportées à l'article 5 du Modèle de Convention fiscale de l'OCDE et les Commentaires qui s'y rapportent suite au travail relatif à l'Action 7 du Plan d'action BEPS. Il convient de noter que ces modifications n'ont qu'un caractère prospectif et, comme tels, n'affectent pas l'interprétation des dispositions antérieures du Modèle de Convention fiscale de l'OCDE et des conventions qui reprennent ces dispositions, en particulier en ce qui concerne l'interprétation des paragraphes 4 et 5 existants de l'article 5.

## A. Mesures visant à éviter artificiellement le statut d'établissement stable par des accords de commissionnaire et autres stratégies similaires

5. Un « accord de commissionnaire » peut se définir grosso modo comme un accord par lequel une personne vend des produits dans un État sous son propre nom, mais pour le compte d'une entreprise étrangère qui est la propriétaire de ces produits. Ce type d'accord permet à une entreprise étrangère de vendre ses produits dans un État sans y posséder un établissement stable auquel ces ventes peuvent être attribués à des fins fiscales et, dès lors, sans que soient imposables dans cet État les bénéfices tirés de ces ventes. Puisque la personne qui conclut les ventes n'a pas la propriété des produits qu'elle vend, elle ne peut être soumise à l'impôt pour les bénéfices qu'elle retire de ces ventes et seule la rémunération qu'elle perçoit pour ces services (généralement, une commission) est imposable.

6. L'exemple qui suit peut illustrer les vecteurs des pratiques d'érosion de la base d'imposition et de transfert de bénéfices résultant des accords de commissionnaire. Il concerne une décision judiciaire qui portait sur un tel accord et qui a conclu que l'entreprise étrangère ne possédait pas d'établissement stable :

- XCO est une société résidente de l'État X. Elle est spécialisée dans la vente de produits médicaux.
- Jusqu'en 2000, ces produits étaient vendus à des dispensaires et des hôpitaux dans l'État Y par YCO, une société résidente de l'État Y. XCO et YCO sont membres du même groupe multinational.
- En 2000, le statut de YCO est modifié en celui de commissionnaire suite à la conclusion d'un contrat de commissionnaire entre les deux sociétés. Aux termes de ce contrat, YCO transfère à XCO ses immobilisations, son stock et sa clientèle et convient de vendre les produits XCO sous son propre nom dans l'État Y, mais pour le compte et aux risques de XCO.
- Il s'ensuit que les bénéfices imposables de YCO dans l'État Y se trouvent sensiblement réduits.

7. Des stratégies similaires qui évitent l'application de l'article 5(5) concernent des situations dans lesquelles des contrats qui, dans les faits, sont négociés dans un État ne sont pas formellement conclus dans cet État parce qu'ils sont complétés ou autorisés à l'étranger, ou dans lesquelles la personne qui est ordinairement habilitée à conclure des contrats constitue un « agent indépendant » auquel s'applique l'exception prévue par l'article 5(6), même si elle est étroitement liée à l'entreprise pour le compte de laquelle elle agit.

8. Il est clair que, dans beaucoup de cas, les accords de commissionnaire et les stratégies similaires ont été principalement mis en place en vue d'éroder la base d'imposition de l'État dans lequel les ventes ont eu lieu. Il est donc nécessaire de modifier les paragraphes 5 et 6 de l'article 5 pour contrer ces stratégies.

9. Sur le plan de la politique fiscale, lorsque les activités qu'un intermédiaire exerce dans un pays visent la conclusion régulière de contrats devant être exécutés par une entreprise étrangère, celle-ci devrait être considérée comme ayant une présence imposable dans ce pays, sauf si l'intermédiaire exerce ces activités dans le cadre d'une entreprise indépendante. Les modifications de l'article 5(5) et 5(6) et le commentaire détaillé qui s'y rapporte qui apparaissent ci-après règlent la question des accords de commissionnaire et des stratégies similaires en veillant à ce que la formulation de ces dispositions traduisent mieux cette politique sous-jacente. Ces modifications n'entendent toutefois pas résoudre les problèmes de BEPS liés au transfert de risques entre parties liées par des accords de

distribution à faible risque. Dans ces accords, les ventes générées par un personnel de vente local sont attribuées à un contribuable résident, ce qui n'est pas le cas dans les situations qu'entendent résoudre les modifications de l'article 5. Étant donné cette différence, les problèmes d'érosion de la base d'imposition et de transfert de bénéfices liés aux accords de distribution à faible risque sont plus adéquatement traités par le travail relatif à l'Action 9 (Risques et capital) du Plan d'action BEPS.

***MODIFICATIONS AUX PARAGRAPHES 5 ET 6 DE L'ARTICLE 5***

*Remplacer les paragraphes 5 et 6 de l'article 5 par ce qui suit (les modifications au texte existant de l'article 5 apparaissent en* ***italiques grasses*** *pour les ajouts et en* ~~texte barré~~ *pour les suppressions) :*

5. Nonobstant les dispositions des paragraphes 1 et 2, ***mais sous réserve des dispositions du paragraphe 6***, lorsqu'une personne ~~– autre qu'un agent jouissant d'un statut indépendant auquel s'applique le paragraphe 6 –~~ agit ***dans un État contractant*** pour le compte d'une entreprise et ~~dispose dans un État contractant de pouvoirs qu'elle y exerce habituellement lui permettant de conclure des contrats au nom de l'entreprise,~~ ***ce faisant, conclut habituellement des contrats ou joue habituellement le rôle principal menant à la conclusion de contrats qui, de façon routinière, sont conclus sans modification importante par l'entreprise, et que ces contrats sont***

***a)*** au nom de l'entreprise, ***ou***

***b) pour le transfert de la propriété de biens, ou pour la concession du droit d'utiliser des biens, appartenant à cette entreprise ou que l'entreprise a le droit d'utiliser, ou***

***c) pour la fourniture de services par cette entreprise,***

cette entreprise est considérée comme ayant un établissement stable dans cet État pour toutes les activités que cette personne exerce pour l'entreprise, à moins que les activités de cette personne ne soient limitées à celles qui sont mentionnées au paragraphe 4 et qui, si elles étaient exercées par l'intermédiaire d'une installation fixe d'affaires, ne permettraient pas de considérer cette installation comme un établissement stable selon les dispositions de ce paragraphe.

6. ~~Une entreprise n'est pas considérée comme ayant un établissement stable dans un État contractant du seul fait qu'elle y exerce son activité par l'entremise d'un courtier, d'un commissionnaire général ou de tout autre agent jouissant d'un statut indépendant, à condition que ces personnes agissent dans le cadre ordinaire de leur activité.~~

***a) Le paragraphe 5 ne s'applique pas lorsque la personne qui agit dans un État contractant pour le compte d'une entreprise de l'autre État contractant exerce dans le premier État une activité d'entreprise comme agent indépendant et agit pour la première entreprise dans le cadre ordinaire de cette activité. Toutefois, lorsqu'une personne agit exclusivement ou presque exclusivement pour le compte d'une ou de plusieurs entreprises auxquelles elle est étroitement liée, cette personne n'est pas considérée comme un agent indépendant au sens du présent paragraphe en ce qui concerne chacune de ces entreprises.***

***b) Aux fins du présent article, une personne est étroitement liée à une entreprise si, compte tenu de l'ensemble des faits et circonstances pertinents, l'une contrôle l'autre ou toutes deux sont sous le contrôle des mêmes personnes ou entreprises. Dans tous les cas, une personne sera considérée comme étroitement liée à une entreprise si l'une détient directement ou indirectement plus de 50 pour cent des***

***intérêts effectifs dans l'autre (ou, dans le cas d'une société, plus de 50 pour cent du total des droits de vote et de la valeur des actions de la société ou des intérêts effectifs dans les capitaux propres de la société), ou si une autre personne détient directement ou indirectement plus de 50 pour cent des intérêts effectifs (ou, dans le cas d'une société, plus de 50 pour cent du total des droits de vote et de la valeur des actions de la société ou des intérêts effectifs dans les capitaux propres de la société) dans la personne et l'entreprise.***

***Modifications proposées aux Commentaires relatifs à l'article 5***

*Remplacer les paragraphes 31 à 39 des Commentaires relatifs à l'article 5 par ce qui suit (les modifications au texte existant de l'article 5 apparaissent en* ***italiques grasses*** *pour les ajouts et en* ~~texte barré~~ *pour les suppressions) :*

***Paragraphe 5***

31. Il est généralement admis, en principe, qu'une entreprise doit être considérée comme ayant un établissement stable dans un État s'il y existe une personne agissant pour son compte dans certaines conditions, quand bien même l'entreprise ne dispose pas dans cet État d'une installation fixe d'affaires au sens des paragraphes 1 et 2. Cette disposition a pour objet de donner, dans ces cas, le droit d'imposition à cet État. Le paragraphe 5 stipule dans quelles conditions l'entreprise est considérée comme ayant un établissement stable du fait des activités d'une personne agissant pour son compte. ~~Le texte du paragraphe a été remanié dans le Modèle de Convention de 1977 pour préciser l'objet de la disposition correspondante qui figurait dans le Projet de Convention de 1963, mais sans autre modification de fond que l'extension des activités de la personne qui font l'objet d'une exception.~~

32. Les personnes dont les activités peuvent constituer pour l'entreprise un établissement stable sont ~~les « agents dépendants », c'est-à-dire~~ les personnes, employées ou non, qui ***agissent pour le compte de l'entreprise et*** qui ne ~~sont~~***le font pas dans le cadre de l'exercice d'une activité d'entreprise en tant qu'***agent~~s~~ indépendant~~s~~ tombant sous le coup du paragraphe 6. Les personnes visées peuvent être des personnes physiques ou des sociétés et ne sont pas tenues d'être résidentes, ni de posséder une installation d'affaires dans l'État dans lequel elles agissent pour le compte de l'entreprise. Il aurait été contraire aux intérêts des relations économiques internationales de stipuler que ~~le fait d'avoir à sa disposition une personne dépendante quelconque~~ ***toute personne exerçant des activités pour le compte de l'entreprise*** constituerait pour l'entreprise l'existence d'un établissement stable. Une telle solution doit être réservée au cas des personnes qui, du fait de ~~l'étendue de leurs pouvoirs~~ de la nature de leurs activités, engagent l'entreprise dans des activités d'entreprise d'une certaine étendue dans l'État considéré. Le paragraphe 5 suppose donc que seules les personnes ***qui concluent habituellement des contrats qui sont au nom de l'entreprise ou qui doivent être exécutés par l'entreprise, ou qui jouent habituellement le rôle principal menant à la conclusion de tels contrats qui, de façon routinière, sont conclus sans modification importante par l'entreprise,*** ~~habilitées à conclure des contrats~~ peuvent ***entraîner***~~constituer~~ un établissement stable pour l'entreprise. Dans ce cas, ***les actions de la personne effectuées pour le compte de l'entreprise, puisqu'elles débouchent sur la conclusion de tels contrats et vont au-delà de la simple promotion ou publicité, suffisent pour conclure que*** ~~la personne dispose de pouvoirs suffisants pour obliger~~ l'entreprise ~~lorsque celle-ci~~ participe à des activités d'entreprise dans l'État considéré. L'emploi de l'expression « établissement stable » dans ce contexte suppose, naturellement, que ***la conclusion de contrats par*** cette personne***, ou de contrats résultant directement des actions de cette personne,*** ~~utilise ses pouvoirs~~ ***a lieu*** de manière répétée et pas seulement dans des cas isolés.

***32.1 Toutes les conditions suivantes doivent être remplies pour que le paragraphe 5 puisse s'appliquer :***

- ***une personne agit dans un État contractant pour le compte d'une entreprise;***

- *ce faisant, cette personne conclut habituellement des contrats, ou joue habituellement le rôle principal menant à la conclusion de contrats qui, de façon routinière, sont conclus sans modification importante par l'entreprise, et*
- *ces contrats sont soit au nom de l'entreprise, soit prévoient le transfert de la propriété, ou la concession du droit d'utiliser, des biens appartenant à cette entreprise ou des biens que l'entreprise a le droit d'utiliser, ou concernent la fourniture de services par cette entreprise.*

*32.2 Toutefois, même si ces conditions sont remplies, le paragraphe 5 ne s'appliquera pas si les activités effectuées par la personne pour le compte de l'entreprise tombent dans le champ d'application de l'exception de l'agent indépendant visée au paragraphe 6 ou se limitent aux activités visées au paragraphe 4 qui, si elles étaient exercées par l'intermédiaire d'une installation fixe d'affaires, seraient considérées comme ne créant pas un établissement stable. Cette dernière exception s'explique par le fait que, dès lors qu'en vertu du paragraphe 4, le maintien d'une installation fixe d'affaires aux seules fins d'activités préparatoires ou auxiliaires est réputé ne pas constituer un établissement stable, une personne dont les activités sont limitées à ces fins ne devrait pas non plus créer un établissement stable. Si, par exemple, une personne agit uniquement en qualité d'acheteur et, comme tel, conclut habituellement des contrats d'achat au nom de cette entreprise, le paragraphe 5 ne s'appliquera pas, même si cette personne n'est pas indépendante de l'entreprise, pour autant que ces activités revêtent un caractère préparatoire ou auxiliaire (voir le paragraphe 22.5 ci-dessus).*

*32.3 Une personne agit dans un État contractant pour le compte d'une entreprise si cette personne implique dans une certaine mesure l'entreprise dans des activités d'entreprise dans l'État concerné. Ce sera le cas, par exemple, lorsqu'un mandataire agit pour un mandant, lorsqu'un associé agit pour une société de personnes, lorsqu'un membre du conseil d'administration agit pour une société ou lorsqu'un salarié agit pour un employeur. Une personne ne peut être considérée comme agissant pour le compte d'une entreprise si celle-ci n'est pas affectée directement ou indirectement par l'action effectuée par cette personne. Comme indiqué au paragraphe 32, la personne agissant pour le compte d'une entreprise peut être une société; dans ce cas, les actions des salariés et des membres du conseil d'administration de cette société sont considérées conjointement en vue de déterminer si, et dans quelle mesure, cette société agit pour le compte de l'entreprise.*

*32.4 L'expression « conclut des contrats » vise les situations dans lesquelles, en vertu de la législation concernée régissant les contrats, un contrat est considéré comme ayant été conclu par une personne. Un contrat peut être conclu sans aucune négociation active de ses conditions ; ce serait le cas, par exemple, si la législation concernée prévoit qu'un contrat est conclu du simple fait qu'une personne accepte, au nom d'une entreprise, l'offre faite par une tierce partie de conclure un contrat type avec cette entreprise. De même, un contrat peut, en vertu de la législation concernée, être conclu dans un État même si ce contrat est signé en dehors de cet État ; lorsque, par exemple, la conclusion d'un contrat résulte de l'acceptation, par une personne agissant pour le compte d'une entreprise, d'une offre de conclure un contrat faite par une tierce partie, le fait que ce contrat soit signé en dehors de cet État est sans importance. En outre, on peut considérer qu'une personne qui négocie dans un État tous les éléments et détails d'un contrat d'une manière qui engage l'entreprise conclut le contrat dans cet État, même si celui-ci est signé par une autre personne en dehors de cet État.*

*32.5 L'expression « ou joue habituellement le rôle principal menant à la conclusion de contrats qui, de façon routinière, sont conclus sans modification importante par l'entreprise » vise les situations dans lesquelles la conclusion d'un contrat résulte directement des actions que la personne accomplit dans un État contractant au nom de l'entreprise même si, au regard du droit concerné, le contrat n'est pas conclu par cette personne dans cet État. Bien que l'expression « conclut des contrats » constitue un critère relativement bien connu basé sur le droit des contrats, il a été jugé nécessaire de compléter ce critère par un critère axé sur les activités de fond qui se déroulent dans un État afin d'englober les cas où la conclusion de contrats est manifestement le résultat direct de ces activités bien que les règles pertinentes du droit des contrats prévoient que la conclusion du contrat a lieu en dehors de cet État. Cette expression doit s'interpréter à la lumière de l'objet et du but du paragraphe 5, qui est d'inclure les cas dans lesquels les activités qu'une personne exerce dans un pays visent la conclusion régulière de contrats devant être exécutés par une entreprise étrangère, c'est-à-dire les cas dans lesquels cette personne agit comme le personnel de vente de l'entreprise. Le rôle principal menant à la conclusion d'un contrat sera dès lors généralement associé aux actions de la personne qui a convaincu la tierce partie de conclure un contrat avec l'entreprise. L'expression s'applique donc lorsque, par exemple, une personne sollicite et reçoit (sans les finaliser formellement) des commandes qui sont transmises directement à un entrepôt à partir duquel les marchandises appartenant à l'entreprise sont livrées et lorsque l'entreprise approuve ces transactions de façon routinière. Toutefois, elle ne s'applique pas lorsqu'une personne se borne à promouvoir et à faire le marketing des biens ou des services d'une entreprise d'une manière qui n'aboutit pas directement à la conclusion de contrats. Lorsque, par exemple, des représentants d'une entreprise pharmaceutique font une promotion active de médicaments produits par cette entreprise en prenant contact avec des médecins qui prescriront ces médicaments, cette activité de marketing ne débouche pas directement sur la conclusion de contrats entre les médecins et l'entreprise et le paragraphe ne s'applique donc pas même si les ventes de ces médicaments peuvent augmenter sensiblement suite à cette activité de marketing.*

*32.6 Ce qui suit est un autre exemple qui illustre l'application du paragraphe 5. RCO, une société résidente de l'État R, distribue divers produits et services dans le monde entier par l'intermédiaire de ses sites Web. SCO, une société résidente de l'État S, est une filiale à part entière de RCO. Des employés de SCO envoient des courriels, téléphonent ou rendent visite à de grandes organisations dans le but de convaincre celles-ci d'acheter des produits et des services de RCO et sont dès lors responsables des grands comptes dans l'État S; les employés de SCO, dont la rémunération est basée en partie sur les recettes que tire RCO de ces titulaires de comptes, utilisent leurs aptitudes à développer de solides relations pour tenter d'anticiper les besoins de ces titulaires de comptes et convaincre ceux-ci d'acquérir les produits et les services offerts par RCO. Lorsqu'un de ces titulaires de comptes est persuadé par un employé de SCO d'acheter une quantité donnée de marchandises ou de services, l'employé indique le prix qui sera payable pour cette quantité, indique qu'un contrat doit être conclu en ligne avec RCO avant que RCO puisse fournir les marchandises ou les services, et explique quelles sont les conditions normales des contrats de RCO, y compris la structure de prix fixe utilisée par RCO que l'employé n'est pas autorisé à modifier. Le titulaire du compte conclut ensuite ce contrat en ligne pour la quantité discutée avec l'employé de SCO et selon la structure de prix présentée par cet employé. Dans cet exemple, les employés de SCO jouent le rôle principal menant à la conclusion de contrats entre le titulaire de compte et RCO, et, de façon routinière, ces contrats sont conclus sans modification importante par l'entreprise. Le fait que les employés de SCO ne peuvent modifier les conditions des contrats ne signifie pas que la conclusion des contrats n'est pas le résultat direct des activités qu'ils effectuent pour le compte de l'entreprise, le fait de convaincre le titulaire de compte d'accepter ces conditions uniformes étant l'élément central menant à la conclusion des contrats entre le titulaire de compte et RCO.*

*32.7 La formulation des alinéas a), b) et c) a pour effet que le paragraphe 5 s'applique non seulement aux contrats qui créent des droits et des obligations juridiquement contraignants entre l'entreprise pour le compte de laquelle la personne agit et les tierces parties avec lesquelles ces contrats sont conclus, mais aussi aux contrats qui créent des obligations qui seront effectivement exécutées par cette entreprise plutôt que par la personne qui doit légalement le faire.*

***32.8 Un cas typique visé par ces alinéas est celui où des contrats sont conclus avec des clients par un mandataire, un associé ou un employé d'une entreprise de manière à créer des droits et des obligations juridiquement contraignants entre l'entreprise et ses clients. Ces alinéas couvrent également les cas dans lesquels les contrats conclus par une personne qui agit pour le compte d'une entreprise ne lient pas juridiquement cette entreprise aux tierces parties avec lesquelles ces contrats sont conclus, mais sont des contrats pour le transfert de la propriété de biens, ou pour la concession du droit d'utiliser des biens, appartenant à cette entreprise ou que l'entreprise a le droit d'utiliser, ou pour la fourniture de services par cette entreprise. Un exemple caractéristique serait celui de contrats qu'un commissionnaire conclurait avec des tierces parties au titre d'un accord de commissionnaire conclu avec une entreprise prévoyant que le commissionnaire agit pour le compte de l'entreprise mais que, ce faisant, il conclut en son nom propre des contrats qui ne créent pas de droits et d'obligations juridiquement contraignants entre l'entreprise étrangère et les tierces parties, même si l'accord entre le commissionnaire et l'entreprise étrangère est tel que l'entreprise étrangère transfère directement à ces tierces parties la propriété ou l'usage de biens que l'entreprise possède ou a le droit d'utiliser.***

***32.9 La mention de contrats « au nom de » à l'alinéa a) ne limite pas l'application de cet alinéa aux contrats qui sont littéralement conclus au nom de l'entreprise ; cet alinéa peut s'appliquer, par exemple, dans certaines situations dans lesquelles le nom de l'entreprise n'est pas dévoilé dans un contrat écrit.***

***32.10 La condition essentielle pour l'application des alinéas b) et c) est que la personne qui conclut habituellement les contrats ou joue habituellement le rôle principal menant à la conclusion des contrats qui, de façon routinière, sont conclus sans modification importante par l'entreprise, agisse pour le compte d'une entreprise de telle manière que les parties des contrats qui concernent le transfert de la propriété de biens ou de leur utilisation, ou la fourniture de services, seront exécutées par l'entreprise et non par la personne qui agit pour le compte de l'entreprise.***

***32.11 Aux fins de l'alinéa b), peu importe que les biens concernés existe ou non, ou soit ou non la propriété de l'entreprise, au moment de la conclusion des contrats entre la personne qui agit pour l'entreprise et les tierces parties. Par exemple, une personne agissant pour le compte d'une entreprise pourrait parfaitement vendre des biens que l'entreprise produira ensuite avant de les livrer directement aux clients. Par ailleurs, le terme « biens » utilisé dans l'alinéa désigne tout type de bien, tant corporel qu'incorporel.***

***32.12 Les cas auxquels s'applique le paragraphe 5 doivent être distingués des situations dans lesquelles une personne conclut des contrats pour son propre compte et, pour exécuter les obligations qui découlent de ces contrats, obtient des biens ou des services d'autres entreprises ou fait en sorte que d'autres entreprises livrent ces biens ou services. Dans ces cas, la personne n'agit par « pour le compte » de ces autres entreprises et les contrats qu'elle conclut ne sont ni au nom de ces entreprises, ni pour le transfert à des tierces parties de la propriété ou de l'usage de biens que ces entreprises possèdent ou qu'elles ont le droit d'utiliser ou pour la fourniture de services par ces entreprises. Par exemple, si une société agit en tant que distributrice de produits sur un marché particulier et, ce faisant, vend aux clients des produits qu'elle achète à une entreprise (y compris à une entreprise associée), elle n'agit pas pour le compte de cette entreprise et ne vend pas des biens appartenant à celle-ci puisque les biens qui sont vendus aux clients sont la propriété du distributeur. Ce serait encore le cas si ce distributeur agissait en tant que « distributeur à faible risque » (et non comme agent, par exemple), mais uniquement si le titre de propriété du bien vendu par ce distributeur « à faible risque » passait de l'entreprise au distributeur et du distributeur au client (quelle que soit la durée de la détention par le distributeur de la propriété du produit vendu) de sorte que le distributeur tirerait un bénéfice de la vente et non une rémunération qui aurait la forme, par exemple, d'une commission.***

~~32.1 L'expression « de pouvoirs [...] lui permettant de conclure des contrats au nom de l'entreprise » ne restreint pas l'application du paragraphe à un agent concluant des contrats littéralement au nom de l'entreprise ; le paragraphe s'applique aussi à un agent qui conclut des contrats qui engagent l'entreprise même si ces contrats ne sont pas effectivement conclus au nom de l'entreprise. Le fait qu'une entreprise ne participe pas activement aux transactions peut signifier qu'elle a délégué cette compétence à l'agent. Par exemple, on peut considérer qu'un agent possède le pouvoir effectif de conclure des contrats lorsqu'il sollicite et reçoit les commandes (sans les finaliser de manière formelle), lesquelles sont envoyées directement à un entrepôt d'où sont livrées les marchandises et lorsque l'entreprise étrangère ne fait qu'approuver les transactions de façon routinière.~~

33. Les ~~pouvoirs permettant de conclure des~~ contrats ***visés au paragraphe 5*** ~~doivent couvrir les~~ ***sont des*** contrats qui ont trait aux opérations constituant les activités propres de l'entreprise. Il importerait peu, par exemple, que la personne ~~ait le pouvoir d'engager du personnel~~ ***conclue des contrats d'emploi pour le compte de*** l'entreprise avec ***du personnel qui assisterait cette personne*** ~~afin de l'aider~~ dans les activités qu'elle exerce pour l'entreprise ou qu'elle ~~soit autorisée à conclure~~ conclue au nom de l'entreprise des contrats analogues n'ayant trait qu'à des opérations internes. De plus***, pour déterminer si la personne*** ~~les pouvoirs doivent être habituellement exercés~~ ***conclut des contrats ou joue habituellement le rôle principal menant à la conclusion de contrats qui, de façon routinière, sont conclus sans modification importante par l'entreprise,*** ~~dans l'autre État;~~ il convient de se référer à la situation commerciale réelle ~~pour d;terminer si tel est ou non le cas~~. ~~Une personne autorisée à négocier tous les éléments et détails d'un contrat de manière à obliger l'entreprise peut être considérée comme exerçant ses pouvoirs « dans cet État », même si le contrat est signé par une autre personne dans l'État où est située l'entreprise ou si la première personne n'a pas reçu formellement un pouvoir de représentation. Toutefois, l~~***L***e simple fait qu'une personne ait assisté ou même participé à des négociations dans un État entre une entreprise et un client ne suffit pas en lui-même pour conclure que la personne a ~~exercé dans cet État le pouvoir de conclure~~ conclure des contrats ***ou joué le rôle principal menant à la conclusion de contrats qui, de façon routinière, sont conclus sans modification importante par l'entreprise*** ~~au nom de l'entreprise~~. Le fait qu'une personne ait assisté ou même participé à de telles négociations pourrait cependant constituer un facteur significatif pour déterminer les fonctions exactes exercées par cette personne pour le compte de l'entreprise. ~~Étant donné qu'en vertu du paragraphe 4, une installation fixe d'affaires dont l'objet est limité à ceux qui sont énumérés audit paragraphe est réputée ne pas constituer un établissement stable, toute personne dont les activités se limitent à ces objets ne constitue pas non plus un établissement stable.~~

33.1 Le critère selon lequel l'agent doit « habituellement » ~~exercer des pouvoirs lui permettant de~~ conclure des contrats ***ou jouer le rôle principal menant à la conclusion de contrats qui, de façon routinière, sont conclus sans modification importante par l'entreprise*** reflète le principe sous-jacent de l'article 5 selon lequel la présence d'une entreprise dans un État contractant ne doit pas être simplement transitoire pour que l'on puisse considérer que l'entreprise possède dans cet État un établissement stable, et qu'elle y soit donc redevable de l'impôt. L'ampleur et la fréquence d'une activité permettant de conclure que l'agent ~~« exerce habituellement » des pouvoirs de conclure des contrats~~ ***conclut habituellement des contrats ou joue le rôle principal menant à la conclusion de contrats qui, de façon routinière, sont conclus sans modification importante par l'entreprise*** vont dépendre de la nature de ces contrats et de l'activité de l'entreprise pour laquelle il agit. Il n'est pas possible de définir un critère précis de fréquence. Néanmoins, on est fondé à recourir aux mêmes genres de facteurs pris en compte au paragraphe 6 pour statuer dans de tels cas.

34. Lorsque les conditions énumérées au paragraphe 5 sont remplies, il y a établissement stable de l'entreprise dans la mesure où la personne agit pour le compte de cette dernière ***et non uniquement,*** ~~c'est-à-dire non pas seulement~~ dans la mesure où cette personne ~~exerce les pouvoirs lui permettant de conclure des contrats au nom de l'entreprise.~~ ***conclut des contrats***

***ou joue le rôle principal menant à la conclusion de contrats qui, de façon routinière, sont conclus sans modification importante par l'entreprise.***

35. Aux termes du paragraphe 5, seules les personnes remplissant les conditions stipulées peuvent constituer un établissement stable, à l'exclusion de toute autre personne. Il convient toutefois de se rappeler que le paragraphe 5 offre seulement un critère de rechange pour déterminer si une entreprise possède dans un État un établissement stable. Si l'on peut démontrer que cet établissement stable existe au sens des paragraphes 1 et 2 (sous réserve des dispositions du paragraphe 4), il n'est pas nécessaire de démontrer que le cas de la personne qui le dirige relève du paragraphe 5.

***35.1 Si un des effets du paragraphe 5 sera généralement que les droits et obligations découlant des contrats visés au paragraphe seront attribués à l'établissement stable résultant de ce paragraphe (voir le paragraphe 21 des Commentaires relatifs à l'article 7), il est important de noter que cela ne signifie pas que la totalité des bénéfices générés par l'exécution de ces contrats doive être attribuée à l'établissement stable. La détermination des bénéfices attribuables à un établissement stable qui résulte de l'application du paragraphe 5 sera régie par les règles de l'article 7; à l'évidence, cela supposera que les activités effectuées par d'autres entreprises et par le reste de l'entreprise à laquelle appartient l'établissement stable soient correctement rémunérées, de sorte que les bénéfices attribuables à l'établissement stable en vertu de l'article 7 soient uniquement ceux que cet établissement aurait réalisés s'il avait été une entreprise distincte et indépendante exerçant les activités que le paragraphe 5 attribue à cet établissement stable.***

***Paragraphe 6***

36. Une entreprise d'un État contractant qui effectue des opérations commerciales par l'intermédiaire ~~d'un courtier, d'un commissionnaire général ou de tout autre agent jouissant d'un statut indépendant,~~ ***d'un agent indépendant exerçant une activité d'entreprise en tant que tel*** ne peut être imposée dans l'autre État contractant à raison de ces opérations si l'agent agit dans ~~l'exercice normal~~***le cadre ordinaire*** de ~~ses~~ ***ces*** activités (voir paragraphe 32 ci-dessus). ~~Il va de soi que~~ ***Les activités de*** cet agent, ***qui*** représent***e***~~ant~~ une entreprise distincte ***et indépendante***, ~~ne peut constituer une~~ ***ne peuvent permettre de conclure à l'existence d'un*** établissement stable de l'entreprise étrangère. ~~; on a néanmoins jugé utile de faire figurer dans l'article le paragraphe 6 pour plus de clarté et de précision.~~

~~37. Une personne ne sera visée par les dispositions du paragraphe 6 – c'est-à-dire qu'elle ne constituera pas un établissement stable de l'entreprise pour le compte de qui elle agit – que si :~~

- ~~elle est indépendante de l'entreprise, à la fois juridiquement et économiquement, et~~
- ~~elle agit dans le cadre ordinaire de son activité lorsqu'elle agit pour le compte de l'entreprise.~~

***37. L'exception prévue par le paragraphe 6 s'applique uniquement lorsqu'une personne agit pour le compte d'une entreprise dans le cadre de l'exercice d'une activité d'entreprise comme agent indépendant. Elle ne s'appliquerait donc pas lorsqu'une personne agit pour le compte d'une entreprise en toute autre qualité, par exemple, lorsqu'un employé agit pour le compte de son employeur ou lorsqu'un associé agit pour le compte d'une société de personnes. Comme il est expliqué au paragraphe 8.1 des Commentaires relatifs à l'article 15, il est parfois difficile de déterminer si les services fournis par un individu sont fournis au titre d'un emploi salarié ou sont des services fournis par une entreprise distincte, et les indications données aux paragraphes 8.2 à 8.28 des Commentaires relatifs à l'article 15 seront pertinentes à cet égard. Si, toutefois, un individu agit pour le compte d'une entreprise dans le cadre de l'exercice de sa propre activité d'entreprise et non comme employé, l'application du paragraphe 6 nécessite quand même que l'individu le fasse en tant qu'agent indépendant; comme expliqué au paragraphe 38.7 ci-dessous, le statut d'agent***

***indépendant est moins probable si les activités de cet individu sont effectuées exclusivement ou presque exclusivement pour le compte d'une entreprise ou de plusieurs entreprises étroitement liées.***

38. L'indépendance d'une personne ***agissant en tant qu'agent*** par rapport à l'entreprise qu'elle représente s'apprécie en fonction de l'étendue des obligations qui lui incombent à l'égard de l'entreprise. Si les activités commerciales qu'elle exerce pour le compte de l'entreprise sont soumises à des instructions détaillées de celle-ci ou à un contrôle général par cette entreprise, cette personne ne peut être considérée comme indépendante de l'entreprise. Un autre critère important consistera à rechercher si le risque de l'entrepreneur doit être supporté par la personne ou par l'entreprise qu'elle représente. ***En tout état de cause, la dernière phrase de l'alinéa a) du paragraphe 6 dispose que, dans certaines circonstances, une personne ne sera pas considérée comme un agent indépendant (voir les paragraphes 38.6 à 38.11 ci-dessous).*** ~~38.2~~ Les considérations suivantes sont à prendre en compte au moment de déterminer si un agent ***auquel ne s'applique pas cette dernière phrase*** peut être considéré comme indépendant.

38.1 ~~En ce qui concerne le critère de dépendance juridique, il~~ ***Il*** convient de noter que***, lorsque la dernière phrase de l'alinéa a) du paragraphe 6 ne s'applique pas au motif qu'une filiale n'agit pas exclusivement ou presque exclusivement pour des entreprises étroitement liées,*** le contrôle qu'une société mère exerce sur sa filiale à titre d'actionnaire n'entre pas en ligne de compte dans l'examen de la dépendance ou ***non***~~d'autres caractéristiques~~ de la filiale dans sa capacité d'agent intervenant pour le compte de la société mère. Cette ***approche***~~démarche~~ est conforme à la règle énoncée au paragraphe 7 de l'article 5 ***(voir aussi le paragraphe 38.11 ci-dessous)***. ~~Toutefois, comme l'indique le paragraphe 41 des Commentaires, la filiale peut être considérée comme un agent dépendant de sa société mère par application des mêmes critères que ceux applicables à toute autre société n'ayant aucun lien avec la société mère.~~

38.***2***~~3~~ Un agent indépendant est normalement responsable devant l'entreprise qu'il représente pour les résultats de son travail, sans être soumis à un contrôle important de la façon dont il effectue ce travail. Il n'est pas soumis à des instructions précises de l'entreprise qu'il représente quant à la conduite du travail. Le fait que l'entreprise ***s'appuie sur***~~utilise~~ les compétences et connaissances spécifiques de l'agent est une indication de son indépendance.

38.***3***~~4~~ Les restrictions de l'ampleur des activités que l'agent peut exercer affectent à l'évidence la portée des pouvoirs de l'agent. Toutefois, ces restrictions sont sans rapport avec la dépendance qui est déterminée en fonction de la marge de liberté dont dispose l'agent dans l'exécution d'opérations pour le compte de l'entreprise qu'il représente dans le cadre des pouvoirs conférés par l'accord conclu entre les deux parties.

38.***4***~~5~~ La mise en œuvre d'un accord peut se caractériser par le fait qu'un agent va apporter des éléments substantiels d'information à une entreprise qu'il représente en ce qui concerne l'activité d'entreprise réalisée aux termes de l'accord; pour autant, ce n'est pas un critère permettant seul de déterminer que l'agent est dépendant, sauf si les renseignements sont fournis en vue d'obtenir l'agrément de l'entreprise sur la façon dont l'activité doit être menée. La fourniture d'informations simplement pour assurer le bon fonctionnement de l'accord et le maintien de bonnes relations avec l'entreprise n'est pas indicative d'une relation de dépendance.

38.***5***~~6~~ Le nombre d'entreprises que l'agent représente est un autre facteur à prendre en considération pour établir son indépendance. ***Comme il est indiqué au paragraphe 38.7, I***~~i~~l est peu probable que l'on puisse établir l'indépendance de l'agent si ses activités s'exercent exclusivement ou presque exclusivement pour le compte d'une seule entreprise pendant toute la durée de ***ses activités d***~~l~~'entreprise ou sur une longue période. Toutefois, ce fait n'est pas en soi déterminant. Tous les faits et circonstances doivent être pris en compte pour déterminer si les activités de l'agent constituent une activité d'entreprise autonome qu'il conduit~~,~~ et dans le cadre de laquelle il assume les risques et perçoit une rémunération par l'utilisation de ses compétences et connaissances d'entrepreneur. Lorsque l'agent intervient pour le compte d'un certain nombre d'entreprises dans l'exercice normal de ses activités et qu'aucune n'occupe de position prédominante au regard des opérations réalisées par l'agent, il peut y avoir dépendance ~~juridique~~ si les entreprises agissent de concert pour contrôler les actes de l'agent ~~au cours des opérations qu'il exécute~~***dans le cadre des activités d'entreprise qu'il exerce*** pour leur compte.

38.*6*~~7~~ On ne peut dire qu'***un agent indépendant*** ~~une personne~~ agit dans l'exercice normal de ***son*** ~~ses propres~~ activités ***d'entreprise comme tel lorsqu'il exerce des activités qui sont sans rapport avec les activités d'un agent*** ~~si, à la place de l'entreprise, elle accomplit des actes qui relèvent économiquement de la sphère de ladite entreprise plutôt que de celle de ses propres opérations commerciales~~. Si, par exemple, ~~un commissionnaire ne se contente pas de vendre les biens ou marchandises d'une entreprise en son nom propre, mais agit aussi habituellement à l'égard de cette entreprise comme agent permanent disposant des pouvoirs de conclure des contrats, il sera censé constituer pour cette activité particulière un établissement stable, puisqu'il agit ainsi en dehors de l'exercice habituel de ses propres opérations commerciales (c'est-à-dire celles d'un commissionnaire), à moins que ses activités ne se bornent à celles qui sont énumérées à la fin du paragraphe 5.~~ ***une société qui agit comme distributeur pour un certain nombre d'entreprises auxquelles elle n'est pas étroitement liée agit également en qualité d'agent pour une entreprise étroitement liée, les activités qu'effectue la société en tant que distributeur ne seront pas considérées comme faisant partie des activités qu'elle mène dans le cadre ordinaire de ses activités d'agent et ne seront dès lors pas pertinentes pour déterminer si la société est indépendante de l'entreprise étroitement liée pour le compte de laquelle elle agit.***

~~38.8 Pour déterminer si des activités particulières entrent ou non dans le cadre ordinaire de l'activité d'un agent, on étudiera les activités commerciales habituellement exercées dans la profession de l'agent – courtier, commissionnaire ou autre agent indépendant – plutôt que les autres activités commerciales exercées par l'agent. Même si le point de comparaison devait normalement porter sur les activités habituelles à la profession de l'agent, on pourrait dans certains cas faire appel à d'autres critères complémentaires soit concurremment soit à titre de solution de rechange, par exemple, lorsque les activités de l'agent ne se rattachent pas à l'exercice d'une profession courante.~~

***38.7 La dernière phrase de l'alinéa a) dispose qu'une personne n'est pas considérée comme un agent indépendant lorsqu'elle agit exclusivement ou presque exclusivement pour le compte d'une ou de plusieurs entreprises auxquelles elle est étroitement liée. Cette dernière phrase ne signifie toutefois pas que le paragraphe 6 s'appliquera automatiquement lorsqu'une personne agit pour une ou plusieurs entreprises auxquelles elle n'est pas étroitement liée. Le paragraphe 6 exige que la personne exerce une activité d'entreprise comme agent indépendant et agisse dans le cadre ordinaire de cette activité. Le statut d'indépendant est moins probable si les activités de la personne sont exercées exclusivement ou presque exclusivement pour le compte d'une seule entreprise (ou d'un groupe d'entreprises étroitement liées entre elles) pendant toute la durée d'exercice de son activité d'entreprise ou sur une longue période. Si, toutefois, cette personne agit exclusivement pour une entreprise à laquelle elle n'est pas étroitement liée pendant une courte période (par exemple, au début des activités d'entreprise de cette personne), il est possible que le paragraphe 6 puisse s'appliquer. Comme il est indiqué au paragraphe 38.5, tous les faits et circonstances doivent être pris en compte pour déterminer si les activités de l'agent constituent l'exercice d'une activité d'entreprise comme agent indépendant.***

***38.8 La dernière phrase de l'alinéa a) s'applique uniquement lorsque la personne agit « exclusivement ou presque exclusivement » pour le compte d'entreprises étroitement liées. Autrement dit, si les activités que la personne exerce pour le compte d'entreprises auxquelles elle n'est pas étroitement liée ne constituent pas une part importante de l'activité d'entreprise de cette personne, elle ne pourra prétendre au statut d'agent indépendant. Si, par exemple, les ventes qu'un agent conclut pour des entreprises auxquelles il n'est pas étroitement lié représentent moins de 10 pour cent de l'ensemble des ventes qu'il conclut***

***comme agent agissant pour d'autres entreprises, il faut considérer que cet agent agit « exclusivement ou presque exclusivement » pour le compte d'entreprises étroitement liées.***

***38.9 L'alinéa b) précise le sens du concept de « personne étroitement liée à une entreprise » aux fins de l'article. Ce concept doit être distingué du concept d'« entreprises associées » tel qu'il est utilisé aux fins de l'article 9 ; bien que les deux concepts se recoupent dans une certaine mesure, ils ne sont pas équivalents.***

***38.10 La première partie de l'alinéa b) donne la définition générale de l'expression « personne étroitement liée à une entreprise ». Elle précise qu'une personne est étroitement liée à une entreprise si, compte tenu de l'ensemble des faits et circonstances pertinents, l'une contrôle l'autre ou toutes deux sont sous le contrôle des mêmes personnes ou entreprises. Cette règle générale inclurait, par exemple, les situations dans lesquelles une personne ou entreprise contrôle une entreprise en vertu d'un accord spécial permettant à cette personne d'exercer des droits qui sont similaires à ceux qu'elle détiendrait si elle possédait, directement ou indirectement, plus de 50 pour cent des intérêts effectifs dans l'entreprise. Comme dans la plupart des cas dans lesquels la forme plurielle est utilisée, la mention des « mêmes personnes ou entreprises » à la fin de la première phrase de l'alinéa b) englobe les cas dans lesquels il n'y a qu'une seule personne ou entreprise de ce type.***

***38.11 La deuxième partie de l'alinéa b) précise que la définition de « personne étroitement liée à une entreprise » s'applique automatiquement dans certaines circonstances. En vertu de cette deuxième partie, une personne est considérée comme étroitement liée à une entreprise si l'une détient directement ou indirectement plus de 50 pour cent des intérêts effectifs dans l'autre ou si une autre personne détient directement ou indirectement plus de 50 pour cent des intérêts effectifs dans la personne et dans l'entreprise. Dans le cas d'une société, cette dernière condition est considérée comme remplie si une personne détient directement ou indirectement plus de 50 pour cent du total des droits de vote et de la valeur des actions de la société ou des intérêts effectifs dans les capitaux propres de la société.***

***38.12 La règle énoncée dans la dernière phrase de l'alinéa a) et le fait que l'alinéa b) inclut les situations dans lesquelles une société contrôle une autre ou est contrôlée par une autre ne limite en rien la portée du paragraphe 7 de l'article 5. Comme expliqué au paragraphe 41.1 ci-dessous, il est possible qu'une filiale agisse pour le compte de sa société mère de telle manière que cette dernière soit considérée comme ayant un établissement stable selon le paragraphe 5 ; si c'est le cas, une filiale agissant exclusivement ou presque exclusivement pour sa société mère ne pourra bénéficier de l'exception de l'« agent indépendant » visée au paragraphe 6. Cela n'implique toutefois pas que la relation de société mère-filiale permette d'ignorer les conditions d'application du paragraphe 5 et que cette relation suffise à elle seule pour conclure que l'une ou l'autre de ces conditions soit remplie.***

39. La définition de l'expression « établissement stable » permet d'imposer une ***société*** ~~compagnie~~ d'assurance~~s~~ d'un État dans l'autre État pour ses opérations d'assurance~~,~~ si elle y dispose d'une installation fixe d'affaires au sens du paragraphe 1~~,~~ ou si elle y exerce ses activités par l'intermédiaire d'une personne ~~répondant à la définition~~ ***au sens*** du paragraphe 5. Comme les agences de ***sociétés***~~compagnies~~ d'assurances étrangères ne répondent pas toujours à l'une ou l'autre de ces deux conditions, il est possible que ces ***sociétés***~~compagnies~~ se livrent à des opérations importantes dans ~~l'~~un ~~des~~ État~~s~~ sans être imposées dans cet État sur les bénéfices ~~découlant de leurs~~ ***provenant de ces opérations*** ~~activités~~. Pour parer à cette éventualité, plusieurs conventions conclues par des pays membres de l'OCDE ***avant*** [***prochaine mise à jour***] contiennent une disposition prévoyant que les ***sociétés***~~compagnies~~ d'assurances d'un État sont considérées comme ayant un établissement stable dans l'autre État si elles y perçoivent des primes par l'intermédiaire d'un agent qui y est établi – autre qu'un agent ***dont l'activité est déjà considérée comme constituant un*** ~~qui a déjà la qualité d'~~établissement stable en vertu du paragraphe 5 – ou assurent des risques dans ce territoire par l'intermédiaire de cet

agent. Le point de savoir si une disposition de ce genre devra être incluse dans une convention dépendra de la situation de droit et de fait qui prévaut dans les États contractants concernés. ***Par ailleurs, les modifications apportées aux paragraphes 5 et 6 en*** [***année de la prochaine mise à jour***] ***ont résolu quelques-uns des problèmes qu'une telle disposition vise à résoudre.*** Il sera donc fréquent qu'une telle disposition ne soit pas envisagée. De ce fait, il n'a pas paru opportun d'insérer une disposition en ce sens dans le Modèle de Convention.

## B. Stratégies visant à éviter artificiellement le statut d'établissement stable par le recours aux exceptions applicables à certaines activités spécifiques

10. L'article 5(4) du Modèle de Convention fiscale de l'OCDE inclut une liste d'exceptions (les « exceptions applicables à certaines activités spécifiques ») selon lesquelles il est considéré qu'il n'existe pas d'établissement stable si une installation fixe d'affaires est utilisée exclusivement pour des activités mentionnées dans ce paragraphe.

### *1. Liste des activités figurant à l'article 5(4)*

11. Les projets pour commentaires d'octobre 2011 et 2012 sur la clarification de la définition d'établissement stable[2] comprenaient une proposition de modification du paragraphe 21 des Commentaires relatifs à l'article 5 selon laquelle, dans la formulation actuelle de l'article 5, le paragraphe 4 s'applique automatiquement lorsqu'une des activités énumérées aux alinéas *a*) à *d*) est la seule activité effectuée dans une installation fixe d'affaires. Le Groupe d'étude qui a soumis cette proposition a toutefois invité le Groupe de Travail 1 à examiner « si la conclusion selon laquelle les alinéa *a)* à *d)* ne sont pas soumis à la condition supplémentaire que les activités visées revêtent un caractère préparatoire ou auxiliaire est appropriée en termes de politique fiscale ». Ceci traduisait l'opinion de certains délégués qui faisaient valoir que l'interprétation proposée ne semblait pas conforme à ce qu'ils considéraient être l'objet original du paragraphe, à savoir viser uniquement les activités préparatoires ou auxiliaires.

12. Quel qu'ait été l'objectif initial des exceptions mentionnées aux alinéas *a*) à *d*) du paragraphe 4, il est important de traiter les situations dans lesquelles ces alinéas soulèvent des difficultés en termes d'érosion de la base d'imposition et de transfert de bénéfices. Il est donc convenu de modifier l'article 5(4) comme indiqué ci-dessous de sorte que chacune des exceptions comprises dans cette disposition soit limitée aux activités qui, par ailleurs, revêtent un caractère « préparatoire ou auxiliaire ». Il est également convenu d'ajouter les explications supplémentaires suivantes dans les Commentaires afin de préciser le sens de l'expression « préparatoire ou auxiliaire » à l'aide de plusieurs exemples.

13. Certains États estiment toutefois que les problèmes de BEPS relatifs à l'article 5(4) se posent essentiellement lorsqu'il y fragmentation des activités entre des parties étroitement liées et que ces problèmes seront traités adéquatement par l'inclusion de la règle anti-fragmentation prévue à la section 2 ci-dessous. Ces États estiment dès lors qu'il n'est pas nécessaire de modifier l'article 5(4) comme suggéré ci-dessous et que les exceptions énumérées aux alinéas *a*) à *d*) du paragraphe 4 ne doivent pas être soumises à la condition que les activités visées dans ces alinéas revêtent un caractère préparatoire ou auxiliaire. Comme indiqué dans les Commentaires ci-dessous, les États qui sont de cet avis peuvent adopter une version différente de l'article 5(4) pour autant qu'ils incluent la règle anti-fragmentation prévue à la section 2.

***SOUMETTRE TOUS LES ALINÉAS DE L'ARTICLE 5(4) AU CRITÈRE DU CARACTÈRE « PRÉPARATOIRE OU AUXILIAIRE »***

*Remplacer le paragraphe 4 de l'article 5 par ce qui suit (les modifications au texte existant du paragraphe 5 apparaissent en* ***italiques grasses*** *pour les ajouts et en* ~~texte barré~~ *pour les suppressions) :*

4. Nonobstant les dispositions précédentes du présent article, on considère qu'il n'y a pas « établissement stable » si :

*a*) il est fait usage d'installations aux seules fins de stockage, d'exposition ou de livraison de marchandises appartenant à l'entreprise ;

*b*) des marchandises appartenant à l'entreprise sont entreposées aux seules fins de stockage, d'exposition ou de livraison ;

*c*) des marchandises appartenant à l'entreprise sont entreposées aux seules fins de transformation par une autre entreprise ;

*d*) une installation fixe d'affaires est utilisée aux seules fins d'acheter des marchandises ou de réunir des informations, pour l'entreprise ;

*e*) une installation fixe d'affaires est utilisée aux seules fins d'exercer, pour l'entreprise, toute autre activité ; ~~de caractère préparatoire ou auxiliaire ;~~

*f*) une installation fixe d'affaires est utilisée aux seules fins de l'exercice cumulé d'activités mentionnées aux alinéas *a*) à *e*)~~, à condition que l'activité d'ensemble de l'installation fixe d'affaires résultant de ce cumul garde un caractère préparatoire ou auxiliaire.~~

***à condition que cette activité ou, dans le cas de l'alinéa f), l'activité d'ensemble de l'installation fixe d'affaires, ait un caractère préparatoire ou auxiliaire.***

*Remplacer les paragraphes 21 à 30 des Commentaires existants relatifs à l'article 5 par ce qui suit (les modifications au texte existant des Commentaires apparaissent en* ***italiques grasses*** *pour les ajouts et en* ~~texte barré~~ *pour les suppressions) :*

***Paragraphe 4***

21. Ce paragraphe énumère un certain nombre d'activités qui sont considérées comme des exceptions à la définition générale énoncée au paragraphe 1 et qui ~~ne constituent pas,~~ ***lorsqu'elles sont effectuées par l'intermédiaire d'installations fixes d'affaires, ne suffisent pas pour que ces installations constituent*** des établissements stables~~, même si l'activité est exercée dans une installation fixe d'affaires~~. ***La dernière partie du paragraphe prévoit que ces exceptions s'appliquent uniquement si les activités énumérées revêtent un caractère préparatoire ou auxiliaire.*** ~~Toutes ces activités ont pour trait commun d'être en général des opérations préparatoires ou auxiliaires. C'est expressément indiqué pour l'exception mentionnée à~~ ***Étant donné que*** l'alinéa ***e) s'applique à toute activité qui n'est pas par ailleurs mentionnée au paragraphe (pour autant que cette activité revête un caractère préparatoire ou auxiliaire), les dispositions du paragraphe*** ~~qui~~ revienn***ent*** en fait à restreindre d'une manière générale la portée de ***la définition d'établissement stable*** ~~la règle~~ énoncée au paragraphe 1 et, en liaison avec ce paragraphe, donne un critère plus sélectif permettant de définir ce qui constitue un établissement stable. ~~Il restreint~~***Ces dispositions restreignent*** dans une large mesure ~~cette~~ la définition ***figurant au paragraphe 1*** et exclut de son champ assez étendu un certain nombre ~~de formes d'organisations commerciales qui, bien que leurs activités s'opèrent par l'intermédiaire d'une installation fixe d'affaires~~ ***d'installations fixes d'affaires qui, parce que les activités d'entreprise exercées par l'intermédiaire de ces installations revêtent uniquement un caractère préparatoire ou auxiliaire,*** ne doivent pas être considérées comme des établissements stables. On reconnaît qu'une telle installation d'affaires peut effectivement contribuer à la productivité de l'entreprise, mais les services précèdent de trop

loin la réalisation effective des bénéfices pour qu'il soit possible d'attribuer à cette installation fixe d'affaires une partie quelconque de ces bénéfices. [*Les deux dernières phrases et la dernière partie de la phrase précédente ont été transférées du paragraphe 23 au présent paragraphe*] En outre, l'alinéa *f)* prévoit que le cumul des activités énumérées aux alinéas *a)* à *e)* dans la même installation fixe d'affaires ne doit pas être considéré comme constituant un établissement stable, ***sous réserve de la condition, exprimée dans la dernière partie du paragraphe,*** ~~à condition~~ que ***l'activité d'ensemble de l'installation fixe d'affaires résultant de ce cumul*** ~~l'ensemble des activités exercées à la suite de ce cumul par l'installation fixe d'affaires~~ garde un caractère préparatoire ou auxiliaire. Les dispositions du paragraphe 4 ont donc pour but d'éviter qu'une entreprise d'un État soit imposée dans l'autre État~~,~~ si elle exerce ***uniquement*** ~~dans cet autre État,~~ des activités de caractère purement préparatoire ou auxiliaire ***dans cet autre État. Les dispositions du paragraphe 4.1 (voir ci-dessous) complètent ce principe en prévoyant que le caractère préparatoire ou auxiliaire des activités menées dans une installation fixe d'affaires doit être déterminé à la lumière d'autres activités qui constituent des fonctions complémentaires qui font partie d'un ensemble cohérent d'activités d'entreprise et que la même entreprise ou des entreprises étroitement liées exercent dans le même État.***

***21.1***~~24.~~ Il est souvent difficile de distinguer entre des activités qui ont un caractère préparatoire ou auxiliaire et celles qui n'ont pas ce caractère. Le critère décisif consiste à rechercher si les activités de l'installation fixe d'affaires constituent en elles-mêmes une part essentielle et notable des activités de l'ensemble de l'entreprise. Il conviendra d'étudier chaque cas séparément. Une installation fixe d'affaires dont l'objet général est identique à celui de l'ensemble de l'entreprise n'exerce pas une activité préparatoire ou auxiliaire.

***21.2 En règle générale, une activité qui revêt un caractère préparatoire est une activité qui est exercée dans la perspective de l'exercice de ce qui constitue la partie essentielle et notable de l'activité de l'entreprise dans son ensemble. Étant donné qu'une activité préparatoire précède une autre activité, elle sera souvent menée durant une période de temps relativement courte dont la durée sera déterminée par la nature des activités essentielles de l'entreprise. Ce ne sera toutefois pas toujours le cas puisqu'il est possible de mener une activité dans un endroit déterminé pendant une longue période de temps en préparation d'activités qui sont exercées ailleurs. Si, par exemple, une entreprise de construction forme ses travailleurs dans un endroit avant de les envoyer travailler sur des sites situés dans d'autres pays, la formation qui a lieu dans le premier endroit constitue une activité préparatoire pour cette entreprise. D'autre part, une activité qui revêt un caractère auxiliaire correspond généralement à une activité qui supporte, sans en faire partie, l'activité essentielle et notable de l'entreprise dans son ensemble. Il est peu probable qu'une activité qui requiert une part significative des actifs ou des employés de l'entreprise puisse être considérée comme revêtant un caractère auxiliaire.***

***21.3 Les alinéas a) à e) visent des activités qui sont effectuées pour l'entreprise elle-même.*** Il y ***aurait dès lors un*** ~~Il faut toutefois considérer qu'il y a~~ établissement stable si ***ces activités étaient exercées pour le compte d'autres entreprises dans la même installation fixe d'affaires*** ~~l'installation fixe d'affaires qui exerce l'une des activités énumérées au paragraphe 4 les exerçait non seulement pour le compte de l'entreprise à laquelle elle appartient, mais aussi pour le compte d'autres entreprises~~. Si, par exemple, une ~~agence de publicité~~ ***entreprise qui maintient à cet endroit un bureau pour assurer la publicité de ses propres produits ou services*** se livrait aussi à des activités de publicité pour ***le compte*** d'autres entreprise, ~~elle~~ ***ce bureau*** serait considérée comme un établissement stable de l'entreprise dont ~~elle~~ ***il*** dépend. [*Les deux dernières phrases ont été transférées du paragraphe 28 au présent paragraphe*]

22. L'alinéa *a)* concerne ~~ne vise que le cas dans lequel une entreprise acquiert l'usage~~ ***une installation fixe d'affaires constituée d'***installations ***utilisées par une entreprise*** pour entreposer, ~~à~~ exposer ou ~~à~~ livrer ses propres marchandises. ***Le point de savoir si l'activité exercée dans cette installation d'affaires présente ou non un caractère préparatoire ou***

***auxiliaire devra être déterminé à la lumière de facteurs incluant l'activité globale de l'entreprise. Si, par exemple, une entreprise de l'État R possède dans l'État S un entrepôt de très grande taille où travaille un nombre important de salariés dans le but principal d'entreposer et de livrer des marchandises que possède l'entreprise et que celle-ci vend en ligne à des clients dans l'État S, le paragraphe 4 ne s'appliquera pas à cet entrepôt puisque les activités d'entreposage et de livraison effectuées par l'intermédiaire de cet entrepôt, qui représente un actif important et nécessite un certain nombre de travailleurs, constituent une partie essentielle des activités de vente et de distribution de l'entreprise et n'ont pas, dès lors, un caractère préparatoire ou auxiliaire.*** ~~L'alinéa b) concerne le stock proprement dit de marchandises et stipule que celui-ci ne sera pas traité comme un établissement stable s'il est maintenu aux fins d'entreposage, d'exposition ou de livraison. L'alinéa *c)* couvre le cas d'un stock de marchandises appartenant à une entreprise qui font l'objet d'une transformation par une seconde entreprise au nom ou pour le compte de la première entreprise. La référence au lieu d'affaires ayant pour objet de réunir des informations, que l'on trouve à l'alinéa d), vise entre autres le cas du bureau de journal qui n'est qu'un des prolongements de l'entreprise-mère. En prévoyant une exemption pour cette catégorie de bureau, on ne fait qu'étendre la notion de « simple achat ».~~

22.1 ***L'alinéa a) concernerait, par exemple, un entrepôt de douane à atmosphère contrôlée dont un exportateur de fruits d'un État dispose dans un autre État à seule fin d'y entreposer des fruits en atmosphère contrôlée pendant le processus de dédouanement dans cet autre État. Il s'appliquerait aussi à une installation fixe d'affaires dont une entreprise disposerait uniquement pour la livraison de pièces détachées à des clients pour des machines qui leur ont été vendues.*** ~~Le fait pour une entreprise de disposer,~~ ***Toutefois, le paragraphe 4 ne s'appliquerait pas si une entreprise disposait*** d'une installation fixe d'affaires pour livrer à sa clientèle les pièces détachées des machines qu'elle leur a fournies ***et, en outre, pour l'entretien ou la réparation de***~~, et où elle entretient ou répare en outre~~ ces machines~~ peut aussi constituer un établissement stable,~~ car ces activités ~~vont~~ ***iraient*** nettement au-delà de la simple livraison visée à l'alinéa *a)* ~~du paragraphe 4~~ ***et ne constitueraient pas des activités préparatoires ou auxiliaires puisque ces activités d'après-vente constituent*** ~~exécutent une partie essentielle~~ une partie essentielle et notable des services de l'entreprise à l'égard de sa clientèle~~, leurs activités n'ont pas un simple caractère auxiliaire~~. [*les deux phrases précédentes ont été transférées du paragraphe 25 au présent paragraphe*].

***22.2***~~26.1~~***Des problèmes peuvent se poser en ce qui concerne l'application de la définition d'établissement stable à*** ~~Autre exemple, celui de~~ des ~~d'~~installations comme des câbles ou des conduites qui traversent le territoire d'un pays. Outre que le revenu perçu par le propriétaire ou l'exploitant de ces installations au titre de leur utilisation par d'autres entreprises est couvert par l'article 6 dès lors que ces installations constituent des biens immobiliers aux termes du paragraphe 2 de l'article 6, on peut se demander si ~~le paragraphe 4~~ ***l'alinéa a)*** leur est applicable. Lorsque ces installations servent au transport de biens appartenant à d'autres entreprises, l'alinéa *a)*, qui est limité à la livraison de biens ou de marchandises appartenant à l'entreprise qui utilise l'installation, n'est pas applicable en ce qui concerne le propriétaire ou l'exploitant de ces installations. L'alinéa *e)* n'est pas non plus applicable en ce qui concerne cette entreprise puisque le câble ou la conduite ne sert pas uniquement pour l'entreprise et que son utilisation n'est pas de caractère préparatoire ou auxiliaire compte tenu de la nature de l'activité de cette entreprise. Il n'en va cependant pas de même lorsqu'une entreprise détient et exploite un câble ou une conduite qui traverse le territoire d'un pays uniquement afin de transporter ses propres produits et que ces opérations de transport sont simplement incidentes à l'activité de cette entreprise, comme dans le cas d'une entreprise dont l'activité consiste à raffiner du pétrole et qui possède et exploite une conduite qui traverse le territoire d'un pays uniquement en vue de transporter son propre pétrole jusqu'à sa raffinerie située dans un autre pays. Dans un tel cas, l'alinéa *a)* devient applicable. Une ~~autre~~ question ***distincte*** est de savoir si le câble ou la conduite pourrait également constituer un établissement stable pour le client de l'opérateur de ce câble ou conduite, c'est-à-dire pour l'entreprise dont les données, l'électricité ou autres biens sont transmis ou transportés d'un endroit à un autre. Dans un tel cas, cette entreprise obtient uniquement des services de transmission ou de transport et le câble ou la conduite n'est pas à sa disposition. Pour cette raison, le câble ou la conduite ne peut être considéré comme constituant un établissement stable de cette entreprise.

*22.3* L'alinéa *b)* concerne ***le maintien d'un stock de marchandises appartenant à l'entreprise*** ~~le stock proprement dit de marchandises et stipule que celui-ci ne sera pas traité comme un établissement stable s'il est maintenu aux fins d'entreposage, d'exposition ou de livraison.~~[*la phrase précédente a été transférée du paragraphe 22 au présent paragraphe*]. ***Cet alinéa n'est pas pertinent dans les cas où un stock de marchandises appartenant à une entreprise est conservé par une autre personne dans des installations que cette autre personne maintient et où ces installations ne sont pas à la disposition de l'entreprise puisque le lieu où le stock est conservé ne peut pas, par conséquent, être un établissement stable de cette entreprise. Lorsque, par exemple, une société de logistique indépendante exploite un entrepôt dans l'État S et y stocke de manière continue des marchandises appartenant à une entreprise de l'État R, l'entrepôt ne constitue pas une installation fixe d'affaires à la disposition de l'entreprise de l'État R et l'alinéa b) ne s'applique dès lors pas en l'espèce. Toutefois, lorsque cette entreprise bénéficie d'un accès illimité à une partie distincte de l'entrepôt aux fins d'inspection et d'entretien des marchandises qui y sont entreposées, l'alinéa b) est applicable et la question de l'existence d'un établissement stable dépendra du caractère préparatoire ou auxiliaire ou non de cette activité.***

*22.4* L'alinéa *c)* couvre le cas ~~d'~~***où*** un stock de marchandises appartenant à une entreprise qui f***ait***~~ont~~ l'objet d'une transformation par une seconde entreprise au nom ou pour le compte de la première entreprise.[*la phrase précédente a été transférée du paragraphe 22 au présent paragraphe*] ***Comme expliqué au paragraphe précédent, la simple présence de marchandises appartenant à une entreprise ne signifie pas que l'établissement fixe d'affaires où ces marchandises sont entreposées est à la disposition de l'entreprise. Si, par exemple, un stock de marchandises appartenant à RCO, une entreprise de l'État R, est conservé par un façonneur situé dans l'État S aux fins de transformation par ce façonneur, aucun établissement fixe d'affaires n'est à la disposition de RCO et le lieu où le stock est conservé ne peut dès lors être un établissement stable de RCO. Si, toutefois, RCO bénéficie d'un accès illimité à une partie distincte de l'installation du façonneur aux fins d'inspection et d'entretien des marchandises qui y sont entreposées, l'alinéa c) s'appliquera et il sera nécessaire de déterminer si le maintien de ce stock de marchandises par RCO constitue une activité préparatoire ou auxiliaire. Ce sera le cas si RCO est un simple distributeur de produits fabriqués par d'autres entreprises car, dans ce cas, le simple maintien d'un stock de produits aux fins de transformation par une autre entreprise ne constituerait pas une partie essentielle et notable de l'activité de RCO prise globalement. Dans un tel cas, sauf si le paragraphe 4.1 s'applique, on considérera qu'en vertu du paragraphe 4, un tel établissement fixe d'affaires qui est à la disposition de l'entreprise de l'État R aux fins de conservation de ses propres marchandises à transformer par le façonneur ne constitue pas un établissement stable.***

***22.5 La première partie de l'alinéa d) concerne le cas dans lequel des locaux sont utilisés uniquement pour l'achat de marchandises pour l'entreprise. Puisque cette exception s'applique uniquement si cette activité revêt un caractère préparatoire ou auxiliaire, elle ne s'appliquera généralement pas dans le cas d'un établissement fixe d'affaires utilisé pour l'achat de biens ou de marchandises lorsque l'activité globale de l'entreprise consiste à vendre ces biens et que l'achat est une fonction essentielle de cette activité. Les exemples qui suivent illustrent l'application du paragraphe 4 dans le cas d'installations fixes d'affaires dans lesquels des activés d'achat ont lieu :***

- ***Exemple 1 – RCO est une société résidente de l'État R et un grand acheteur d'un produit agricole particulier produit dans l'État S, produit que RCO vend à partir de l'État R à des distributeurs situés dans différents pays. RCO dispose d'un bureau d'achat dans l'État S. Les employés qui y travaillent sont des acheteurs***

***expérimentés qui ont une connaissance particulière de ce type de produit, qui se rendent chez les producteurs dans l'État S, déterminent le type et la qualité des produits sur la base de normes internationales (un processus complexe qui exige des compétences et des connaissances spéciales) et concluent différents types de contrats (au comptant ou à terme) pour l'acquisition des produits par RCO. Dans cet exemple, bien que l'unique activité exercée par l'intermédiaire du bureau soit l'achat de produits pour RCO, ce qui constitue une activité visée à l'alinéa d), le paragraphe 4 ne s'applique pas et le bureau constitue dès lors un établissement stable du fait que cette fonction d'achat forme une partie essentielle et notable de l'activité globale de RCO.***

- ***Exemple 2 – RCO, une société résidente de l'État R qui exploite un certain nombre de magasins discount, tient un bureau dans l'État S pendant une période deux ans en vue de prospecter le marché local et intervenir auprès du gouvernement en vue d'obtenir des modifications qui permettraient à RCO d'établir des magasins dans l'État S. Pendant cette période, les employés de RCO achètent occasionnellement des fournitures pour leur bureau. Dans cet exemple, le paragraphe 4 s'applique, étant donné que l'alinéa f) s'applique aux activités menées par l'intermédiaire du bureau (puisque les alinéas d) et e) s'appliqueraient aux activités d'achat, de prospection et de lobbying si chacune d'entre elles était l'unique activité exercée au bureau) et que l'activité d'ensemble du bureau revêt un caractère préparatoire.***

***22.6 La deuxième partie de l'alinéa d) concerne un établissement fixe d'affaires utilisé uniquement pour recueillir des informations pour l'entreprise. Une entreprise aura souvent besoin de rassembler des informations avant de décider d'entreprendre des activités essentielles dans un État et de quelle manière celles-ci devraient être exercées. Si l'entreprise rassemble ces informations sans disposer d'un établissement fixe d'affaires dans cet État, l'alinéa d) sera évidemment sans objet. En revanche, si un établissement fixe d'affaires est tenu à cette seule fin, l'alinéa d) s'appliquera et il sera nécessaire de déterminer si la collecte d'informations excède le seuil du caractère préparatoire ou auxiliaire. Si, par exemple, un fonds d'investissement établit un bureau dans un État à seule fin de recueillir des informations sur les possibilités d'investissement dans cet État, la collecte d'informations par le biais de ce bureau constituera une activité préparatoire. La conclusion serait la même dans le cas d'une compagnie d'assurances qui établit un bureau uniquement pour la collecte d'informations, comme des statistiques, sur les risques sur un marché particulier, et dans le cas d'un bureau de presse établi dans un État dans le seul but de recueillir des informations sur des actualités éventuelles sans se livrer à des activités publicitaires : dans les deux cas, la collecte d'informations sera une activité préparatoire.***

23. L'alinéa *e)* ***s'applique à*** ~~stipule qu'~~ une installation fixe d'affaires ***tenue dans le seul but d'exercer, pour l'entreprise, toute activité non explicitement énumérée aux alinéas a) à d) ; si cette activité*** ~~par l'intermédiaire de laquelle l'entreprise exerce uniquement une activité qui~~ a ~~pour elle~~ ***revêt*** un caractère préparatoire ou auxiliaire, ***cette installation d'affaires est considérée ne pas être*** un établissement stable. La rédaction de cet alinéa rend inutile une longue énumération ~~d'exceptions~~ ***d'activités auxquelles le paragraphe peut s'appliquer, les exemples figurant aux alinéas a) à d) étant simplement des exemples courants d'activités couvertes par le paragraphe parce qu'elles ont souvent un caractère préparatoire ou auxiliaire***. ~~De plus, l'alinéa apporte une exception générale à la définition du paragraphe 1~~ [*(la partie suivante du paragraphe a été transférée au paragraphe 21 :)* ~~*et, en liaison avec ce paragraphe, donne un critère plus sélectif permettant de définir ce qui constitue un établissement stable. Il restreint dans une large mesure cette définition et exclut de son champ assez étendu un certain nombre de formes d'organisations commerciales qui, bien que leurs activités s'opèrent par l'intermédiaire d'une installation fixe d'affaires, ne doivent pas être considérées comme des établissements stables. On reconnaît qu'une telle installation d'affaires peut effectivement contribuer à la productivité de l'entreprise, mais les*~~

~~*services précèdent de trop loin la réalisation effective des bénéfices pour qu'il soit possible d'attribuer à cette installation fixe d'affaires une partie quelconque de ces bénéfices.* On peut citer, à titre d'exemple, les installations utilisées uniquement pour la publicité, ou pour fournir des informations, ou pour des recherches scientifiques, ou pour veiller à l'exécution d'un contrat portant sur un brevet ou un savoir-faire (*know-how*) si ces activités ont un caractère préparatoire ou auxiliaire.~~ [*cette dernière phrase a été transférée au paragraphe 24*]

24. ~~Il est souvent difficile de distinguer entre des activités qui ont un caractère préparatoire ou auxiliaire et celles qui n'ont pas ce caractère. Le critère décisif consiste à rechercher si les activités de l'installation fixe d'affaires constituent en elles-mêmes une part essentielle et notable des activités de l'ensemble de l'entreprise. Il conviendra d'étudier chaque cas séparément. Une installation fixe d'affaires dont l'objet général est identique à celui de l'ensemble de l'entreprise n'exerce pas une activité préparatoire ou auxiliaire.~~ [*les trois phrases précédentes ont été* ***transférées au*** *paragraphe 21.1*]. On peut citer, à titre d'exemples d'installations ***d'affaires couvertes par l'alinéa e), les installations fixes d'affaires*** utilisées uniquement pour la publicité, ou pour fournir des informations, ou pour des recherches scientifiques, ou pour veiller à l'exécution d'un contrat portant sur un brevet ou un savoir-faire (*know-how*) si ces activités ont un caractère préparatoire ou auxiliaire [*cette phrase apparaît actuellement à la fin du paragraphe 23*]. ***Toutefois, le paragraphe 4 ne s'appliquerait pas*** ~~Ce n'est pas le cas si, par exemple,~~ ***si une*** ~~l'~~installation fixe d'affaires ***utilisée pour la fourniture d'informations*** ~~ne~~ fournit non seulement des renseignements mais aussi des plans, etc., spécialement mis au point pour répondre aux besoins de chaque client. ~~Ce ne serait~~ ***Il ne s'appliquerait*** pas non plus ~~le cas~~ si un établissement de recherche s'occupait de fabrication [*ces deux dernières phrases apparaissent actuellement à la fin du paragraphe 25*]. ***De même,*** ~~L~~lorsqu'~~, par exemple,~~ une entreprise a pour objet de veiller à l'exécution de contrats portant sur des brevets et du *know-how*, l'installation fixe d'affaires de cette entreprise qui exerce cette activité ne peut bénéficier des dispositions ***du paragraphe 4*** ~~de l'alinéa *e)*~~. Une installation fixe d'affaires dont la fonction est de gérer une entreprise, ou même seulement une partie d'une entreprise ou d'un groupement d'entreprises, ne peut être considérée comme exerçant une activité préparatoire ou auxiliaire, car de telles activités de direction ***excèdent nettement le seuil des activités préparatoires ou auxiliaires***~~sont d'un niveau nettement supérieur~~. Si ***une***~~des~~ entreprise~~s~~ ayant des ramifications internationales install~~ent~~ dans ~~des~~ ***un*** État~~s~~ où elle~~s~~ ***a***~~ont~~ des filiales, des établissements stables, des représentants ou des licenciés, un bureau dit « de direction », chargé de surveiller et de coordonner tous les services de l'entreprise sis dans la région intéressée, ***l'alinéa e) ne s'appliquera pas à ce « bureau de direction » parce que*** ~~ce bureau de direction sera normalement réputé établissement stable, car il peut être considéré comme un bureau au sens du paragraphe 2. Lorsqu'une importante firme internationale a délégué toutes les fonctions de direction à ses bureaux de direction régionaux, de sorte que le siège central de la firme se borne à exercer une surveillance générale (ce qu'on appelle des entreprises polycentriques), les bureaux de direction régionaux eux-mêmes doivent être considérés comme « un siège de direction » au sens de l'alinéa a) du paragraphe 2. L~~la fonction de direction d'une entreprise, même si elle ne couvre qu'un certain*e* ***partie*** ~~domaine~~ des opérations de la firme, constitue une part essentielle des opérations de l'entreprise et ne peut donc en aucune façon être considérée comme une activité ayant un caractère préparatoire ou auxiliaire au sens ~~de l'alinéa *e)*~~ du paragraphe 4.

~~25. Le fait pour une entreprise de disposer d'une installation fixe d'affaires pour livrer à sa clientèle les pièces détachées des machines qu'elle leur a fournies, et où elle entretient ou répare en outre ces machines, peut aussi constituer un établissement stable, car ces activités vont nettement au-delà de la simple livraison visée à l'alinéa *a)* du paragraphe 4. Étant donné que ces organisations de services après vente exécutent une partie essentielle et notable des services de l'entreprise à l'égard de sa clientèle, leurs activités n'ont pas un simple caractère auxiliaire. L'alinéa *e)* ne s'applique que si les activités de l'installation fixe d'affaires ont un caractère uniquement préparatoire ou auxiliaire. Ce n'est pas le cas si, par exemple, l'installation fixe d'affaires ne fournit pas seulement des renseignements mais aussi des plans, etc., spécialement~~

~~mis au point pour répondre aux besoins de chaque client. Ce ne serait pas non plus le cas si un établissement de recherche s'occupait de fabrication.~~

~~26. En outre, l'alinéa e) précise bien que les activités de l'installation fixe d'affaires doivent être exercées pour l'entreprise. Une installation fixe d'affaires qui rend des services non seulement à l'entreprise dont elle dépend, mais aussi directement à d'autres entreprises, par exemple, à d'autres sociétés faisant partie du même groupe que la société à laquelle appartient l'installation fixe, ne relèverait pas de l'alinéa e).~~

~~26.1 Autre exemple, celui d'installations comme des câbles ou des conduites qui traversent le territoire d'un pays. Outre que le revenu perçu par le propriétaire ou l'exploitant de ces installations au titre de leur utilisation par d'autres entreprises est couvert par l'article 6 dès lors que ces installations constituent des biens immobiliers aux termes du paragraphe 2 de l'article 6, on peut se demander si le paragraphe 4 leur est applicable. Lorsque ces installations servent au transport de biens appartenant à d'autres entreprises, l'alinéa a), qui est limité à la livraison de biens ou de marchandises appartenant à l'entreprise qui utilise l'installation, n'est pas applicable en ce qui concerne le propriétaire ou l'exploitant de ces installations. L'alinéa e) n'est pas non plus applicable en ce qui concerne cette entreprise puisque le câble ou la conduite ne sert pas uniquement pour l'entreprise et que son utilisation n'est pas de caractère préparatoire ou auxiliaire compte tenu de la nature de l'activité de cette entreprise. Il n'en va cependant pas de même lorsqu'une entreprise détient et exploite un câble ou une conduite qui traverse le territoire d'un pays uniquement afin de transporter ses propres biens et que ces opérations de transport sont simplement incidentes à l'activité de cette entreprise, comme dans le cas d'une entreprise dont l'activité consiste à raffiner du pétrole et qui possède et exploite une conduite qui traverse le territoire d'un pays uniquement en vue de transporter son propre pétrole jusqu'à sa raffinerie située dans un autre pays. Dans un tel cas, l'alinéa a) devient applicable. Une autre question est de savoir si le câble ou la conduite pourrait également constituer un établissement stable pour le client de l'opérateur de ce câble ou conduite, c'est-à-dire pour l'entreprise dont les données, l'électricité ou autres biens sont transmis ou transportés d'un endroit à un autre. Dans un tel cas, cette entreprise obtient uniquement des services de transmission ou de transport et le câble ou la conduite n'est pas à sa disposition. Pour cette raison, le câble ou la conduite ne peut être considéré comme constituant un établissement stable de cette entreprise.~~

27. Comme on l'a déjà indiqué au paragraphe 21 ci-dessus, le paragraphe 4 a pour objet de prévoir les exceptions à la définition générale du paragraphe 1 lorsqu'il s'agit d'installations fixes d'affaires dont les activités ont en général un caractère préparatoire ou auxiliaire par rapport à l'ensemble des activités de l'entreprise. Par conséquent, suivant l'alinéa *f)* ~~du paragraphe 4~~, le fait que des activités énumérées aux alinéas *a)* à *e)* ~~du paragraphe 4~~ sont exercées cumulativement dans une installation fixe d'affaires ne signifie pas qu'on est en présence d'un établissement stable. Tant que les activités exercées cumulativement par cette installation fixe d'affaires n'ont qu'un caractère préparatoire ou auxiliaire, on ne saurait considérer qu'il y a établissement stable. Les cumuls d'activités ne doivent pas être considérés d'après des règles rigides, mais en fonction des circonstances. ~~Il convient d'interpréter le critère du « caractère préparatoire ou auxiliaire » de la même façon que le critère fixé à l'alinéa *e)* (voir paragraphes 24 et 25 ci-dessus). Les États qui souhaitent autoriser un cumul des activités énumérées aux alinéas *a)* et *e)*, sans rechercher si ce cumul répond ou non au critère du caractère préparatoire ou auxiliaire de cette combinaison, peuvent le faire en supprimant, à l'alinéa *f)*, les mots « à condition » jusqu'à « auxiliaire ».~~

~~27.1 Lorsqu'une entreprise dispose de plusieurs installations fixes d'affaires au sens des alinéas *a)* à *e)*, il n'y a pas à tenir compte de l'alinéa *f)* à condition que ces installations soient distinctes les unes des autres du point de vue de leur emplacement et de leur organisation, car, dans ce cas, chaque installation d'affaires doit être considérée isolément pour déterminer s'il y a ou non établissement stable. Des installations d'affaires ne sont pas « distinctes du point de vue de leur organisation » lorsqu'elles assurent chacune dans un État contractant des fonctions~~

~~complémentaires comme la réception et le stockage de biens en un lieu, la distribution de ces biens par l'intermédiaire d'un autre lieu, etc. Une entreprise ne saurait fragmenter un ensemble cohérent plusieurs petites activités dans le but d'arguer du fait que chacune d'elles ne présente qu'un caractère préparatoire ou auxiliaire.~~

28. Les installations fixes d'affaires ~~mentionnées au~~ ***auxquelles s'applique*** le paragraphe 4 ~~ne peuvent être considérées comme~~ ***ne constituent pas*** des établissements stables tant que ~~leurs~~ ***les*** activités ***d'entreprise exercées par l'intermédiaire de ces installations fixes d'affaires se limitent aux activités visées dans ce paragraphe*** ~~présentent le caractère qui permet de supposer que l'installation d'affaires n'est pas un établissement stable~~. Ce sera le cas même si les contrats nécessaires pour créer et exercer ~~les~~ ces activités ~~commerciales~~ sont conclus par ceux-***là*** mêmes qui sont responsables de l'installation d'affaires. ***La conclusion de ces contrats par ces salariés ne constituera pas un établissement stable de l'entreprise selon le***~~Ce sera le cas même si les contrats nécessaires pour créer et exercer les activités commerciales sont conclus par ceux mêmes qui sont responsables de l'installation d'affaires. Les salariés des installations d'affaires au sens du paragraphe 4 qui sont autorisés à conclure ces contrats ne peuvent être considérés comme des agents au sens du~~ paragraphe 5 ***pour autant que la conclusion de ces contrats remplisse les conditions énoncées au paragraphe 4 (voir le paragraphe 33 ci-dessous).*** ~~Tel serait le cas d'une installation de recherches~~ ***Un exemple serait le cas d'une installation d'affaires dans laquelle des activités de recherche préparatoires ou auxiliaires sont exercées et*** dont le directeur ~~est habilité à conclure~~ ***conclut*** les contrats nécessaires pour l'***établissement et la*** tenue de ***cette installation d'affaires*** ~~de l'installation et qui exerce ce pouvoir dans le cadre des activités de l'installation institution~~ ***dans le cadre des activités exercées à cet endroit.*** ~~Il faut, toutefois, considérer qu'il y a établissement stable si l'installation fixe d'affaires qui exerce l'une des activités énumérées au paragraphe 4 les exerçait non seulement pour le compte de l'entreprise à laquelle elle appartient, mais aussi pour le compte d'autres entreprises. Si, par exemple, une agence de publicité dont dispose une entreprise se livrait aussi à des activités de publicité pour d'autres entreprises, elle serait considérée comme un établissement stable de l'entreprise dont elle dépend.~~

29. Si, ***en vertu du paragraphe 4,*** une installation fixe d'affaires ~~au sens du paragraphe 4~~ ne peut être considérée comme un établissement stable, l'exception s'applique de même à l'aliénation de biens mobiliers faisant partie des actifs de l'installation d'affaires lorsque l'entreprise met fin à ses activités ~~dans cette installation~~ ***à cet endroit*** (voir paragraphe 11 ci-dessus et paragraphe 2 de l'article 13). ***Lorsque, par exemple, l***~~L~~'exposition de marchandises pendant une foire commerciale ou un congrès ~~faisant partie des exceptions aux termes~~***est couverte par l'exception*** des alinéas *a)* et *b)*, la vente ~~des~~ ***de ces*** marchandises lorsque prend fin ~~un~~***le*** congrès ou ~~une~~***la*** foire commerciale est couverte par ***l'alinéa e), étant donné que cette vente n'est qu'une activité auxiliaire*** ~~l'exception~~. ~~Celle-ci~~***Cette exception*** ne s'applique pas, naturellement, à la vente de marchandises qui n'ont pas été effectivement exposées au congrès ou à la foire commerciale.

30. ***Lorsque le paragraphe 4 ne s'applique pas parce qu'***~~U~~***une*** installation fixe d'affaires utilisée ***par une entreprise*** ~~à la fois~~ pour des activités ***qui sont énumérées au*** ~~entrant au nombre des exceptions (~~paragraphe 4~~)~~ ***est également utilisée*** ~~et~~ pour d'autres ***activités qui sortent du cadre des activités préparatoires ou auxiliaires, cette installation d'affaires*** sera considérée comme un établissement stable unique ***de l'entreprise et les bénéfices attribuables à l'établissement stable par rapport à*** ~~pour~~ ces deux types d'activités ***seront imposables dans l'État où se situe cet établissement stable.*** ~~Ce sera le cas, par exemple, d'un magasin ouvert pour la livraison de marchandises, mais qui pratique aussi des ventes.~~

***30.1 Certains États considèrent que certaines des activités visées au paragraphe 4 sont intrinsèquement préparatoires ou auxiliaires et, pour apporter plus de certitude à la fois aux administrations fiscales et aux contribuables, sont d'avis que ces activités ne devraient pas être soumises à la condition qu'elle revêtent un caractère préparatoire ou auxiliaire,***

***dès lors que tout problème relatif au recours inapproprié à ces exceptions est traité par les dispositions du paragraphe 4.1. Les États qui partagent cet avis sont libres de modifier comme suit le paragraphe 4 (et peuvent aussi convenir de supprimer certaines des activités énumérées aux paragraphes a) à d) ci-dessous s'ils considèrent que ces activités devraient être soumises à la condition du caractère préparatoire ou auxiliaire énoncée à l'alinéa e)) :***

***4. Nonobstant les dispositions précédentes du présent article, on considère qu'il n'y a pas « établissement stable » si :***

- ***a) il est fait usage d'installations aux seules fins de stockage, d'exposition ou de livraison de marchandises appartenant à l'entreprise ;***
- ***b) des marchandises appartenant à l'entreprise sont entreposées aux seules fins de stockage, d'exposition ou de livraison ;***
- ***c) des marchandises appartenant à l'entreprise sont entreposées aux seules fins de transformation par une autre entreprise ;***
- ***d) une installation fixe d'affaires est utilisée aux seules fins d'acheter des marchandises ou de réunir des informations pour l'entreprise ;***
- ***e) une installation fixe d'affaires est utilisée aux seules fins d'exercer, pour l'entreprise, toute autre activité non énumérée aux alinéas a) à d), à condition que cette activité revête un caractère préparatoire ou auxiliaire ; ou***
- ***f) une installation fixe d'affaires est utilisée aux seules fins de l'exercice cumulé d'activités mentionnées aux alinéas a) à e), à condition que l'activité d'ensemble de l'installation fixe d'affaires résultant de ce cumul revête un caractère préparatoire ou auxiliaire.***

## *2. Fragmentation d'activités entre parties étroitement liées*

14. Le paragraphe 27.1 des Commentaires relatifs à l'article 5 traite, dans sa version actuelle, de l'application de l'article 5(4)*f*) dans le cas de ce qui a été appelé la « fragmentation des activités » :

> 27.1 Lorsqu'une entreprise dispose de plusieurs installations fixes d'affaires au sens des alinéas *a)* à *e)*, il n'y a pas à tenir compte de l'alinéa *f)* à condition que ces installations soient distinctes les unes des autres du point de vue de leur emplacement et de leur organisation, car, dans ce cas, chaque installation d'affaires doit être considérée isolément pour déterminer s'il y a ou non établissement stable. Des installations d'affaires ne sont pas « distinctes du point de vue de leur organisation » lorsqu'elles assurent chacune dans un État contractant des fonctions complémentaires comme la réception et le stockage de biens en un lieu, la distribution de ces biens par l'intermédiaire d'un autre lieu, etc. Une entreprise ne saurait fragmenter un ensemble cohérent en plusieurs petites activités dans le but d'arguer du fait que chacune d'elles ne présente qu'un caractère préparatoire ou auxiliaire.

15. Étant donné la facilité avec laquelle des filiales peuvent être créées, la dernière phrase (« [u]ne entreprise ne saurait fragmenter un ensemble cohérent en plusieurs petites activités dans le but d'arguer du fait que chacune d'elles ne présente qu'un caractère préparatoire ou auxiliaire ») ne devrait pas, logiquement, se limiter aux cas dans lesquels la même entreprise possède différentes installations d'affaires dans un pays, mais s'étendre aux cas dans lesquels ces installations appartiennent à des entreprises étroitement liées. Certains problèmes de BEPS liés à l'article 5(4) seront dès lors résolus par la règle proposées ci-dessous, qui tiendra

compte non seulement des activités effectuées par la même entreprise en différents endroits, mais aussi des activités exercées par des entreprises étroitement liées dans un ou plusieurs endroits. Cette nouvelle règle est la conséquence logique de la décision de limiter la portée de l'article 5(4) aux activités qui présentent un caractère « préparatoire ou auxiliaire » puisque, en l'absence de cette règle, il serait relativement facile d'utiliser des entreprises étroitement liées pour fragmenter des activités qui, prises conjointement, excèdent ce seuil.

***NOUVELLE RÈGLE ANTI-FRAGMENTATION***

*Ajouter le nouveau paragraphe 4.1 à l'article 5 :*

***4.1 Le paragraphe 4 ne s'applique pas à une installation fixe d'affaires utilisée par une entreprise si la même entreprise ou une entreprise étroitement liée exerce des activités d'entreprise dans la même installation ou dans une autre installation dans le même État contractant et***

***a) cette installation ou autre installation constitue un établissement stable pour l'entreprise ou l'entreprise étroitement liée en vertu des dispositions du présent article, ou***

***b) l'ensemble des activités résultant de la combinaison des activités menées par les deux entreprises dans la même installation, ou par des entreprises étroitement liées dans les deux installations, ne revêt pas un caractère préparatoire ou auxiliaire,***

***si les activités d'entreprise exercées par les deux entreprises dans la même installation, ou par la même entreprise ou des entreprises étroitement liées dans les deux installations, constituent des fonctions complémentaires qui font partie d'un ensemble cohérent d'activités d'entreprise.***

*Modifications proposées aux commentaires sur l'article 5 (les modifications au texte existant des Commentaires apparaissent en **italiques grasses** pour les ajouts et en ~~texte barré~~ pour les suppressions)*

*Remplacer le paragraphe 27.1 des Commentaires sur l'article 5 par ce qui suit :*

27.1 ***Sauf si les dispositions anti-fragmentation du paragraphe 4.1 sont applicables (voir ci-dessous), il n'y a pas à tenir compte de l'alinéa f) à*** ~~L~~lorsqu'une entreprise dispose de plusieurs installations fixes d'affaires au sens des alinéas *a)* à *e)*~~, il n'y a pas à tenir compte de l'alinéa *f)* à condition que ces installations soient distinctes les unes des autres du point de vue de leur emplacement et de leur organisation,~~ car, dans ce cas, chaque installation d'affaires doit être considérée isolément pour déterminer s'il y a ou non établissement stable. ~~Des installations d'affaires ne sont pas « distinctes du point de vue de leur organisation » lorsqu'elles assurent chacune dans un État contractant des fonctions complémentaires comme la réception et le stockage de biens en un lieu, la distribution de ces biens par l'intermédiaire d'un autre lieu, etc. Une entreprise ne saurait fragmenter un ensemble cohérent en plusieurs petites activités dans le but d'arguer du fait que chacune d'elles ne présente qu'un caractère préparatoire ou auxiliaire.~~

*Ajouter les nouveaux paragraphes qui suivent aux Commentaires sur l'article 5 :*

***Paragraphe 4.1***

***30.2 Le paragraphe 4.1 vise à empêcher une entreprise ou un groupe d'entreprises étroitement liées de fragmenter un ensemble cohérent d'activités d'entreprise en plusieurs petites opérations dans le but d'arguer du fait que chacune d'elles ne présente qu'un caractère préparatoire ou auxiliaire. En vertu du paragraphe 4.1, les exceptions prévues par le paragraphe 4 ne s'appliquent pas à une installation d'affaires qui constituerait par ailleurs un établissement stable lorsque les activités exercées dans cette installation et d'autres activités de la même entreprise ou d'entreprises étroitement liées exercées dans***

***cette installation ou dans une autre installation située dans le même État constituent des fonctions complémentaires qui font partie d'un ensemble cohérent d'activités d'entreprise. Toutefois, pour que le paragraphe 4.1 s'applique, une au moins des installations dans lesquelles ces activités sont exercées doit constituer un établissement stable ou, si ce n'est pas le cas, l'ensemble de l'activité résultant de la combinaison des activités concernées doit aller au-delà de ce qui est simplement préparatoire ou auxiliaire.***

***30.3 Le concept d'« entreprises étroitement liées » utilisé au paragraphe 4.1 est défini à l'alinéa b) du paragraphe 6 de l'article (voir les paragraphes 38.8 à 38.10 ci-dessous).***

***30.4 Les exemples qui suivent illustrent l'application du paragraphe 4.1 :***

- ***Exemple A : RCO, une banque résidente de l'État R, possède un certain nombre de succursales dans l'État S qui constituent des établissements stables. Elle a aussi un bureau distinct dans l'État S où quelques employés vérifient les informations communiquées par les clients qui ont introduit des demandes de prêt auprès de ces différentes succursales. Les résultats des vérifications faites par ces employés sont transmis au siège de RCO dans l'État R, où d'autres employés analysent les informations contenues dans les demandes de prêt et transmettent des rapports aux succursales où sont prises les décisions d'octroi des prêts. Dans ce cas, les exceptions du paragraphe 4 ne s'appliqueront pas au bureau parce qu'une autre installation (n'importe quelle des succursales où sont introduites les demandes de prêt) constitue un établissement stable de RCO dans l'État S et que les activités d'entreprise effectuées par RCO à ce bureau et à la succursale en question constituent des fonctions complémentaires qui font partie d'un ensemble cohérent d'activités d'entreprise (fournir des prêts aux clients dans l'État S).***
- ***Exemple B : RCO, une société résidente de l'État R, fabrique et vend des appareils électroménagers. SCO, résidente de l'État S et filiale à 100% de RCO, possède un magasin où elle vend des appareils électroménagers qu'elle acquiert auprès de RCO. RCO possède également un petit entrepôt dans l'État S où elle stocke quelques articles de grande taille qui sont identiques à ceux exposés dans le magasin que possède SCO. Lorsqu'un client achète un de ces articles de grande taille de SCO, des employés de SCO se rendent à l'entrepôt où ils prennent possession de l'article avant de le livrer au client; la propriété de l'article n'est transférée de RCO à SCO qu'au moment où l'article quitte l'entrepôt. Dans cet exemple, le paragraphe 4.1 fait obstacle à l'application à l'entrepôt des exceptions du paragraphe 4 et il ne sera dès lors pas nécessaire de déterminer si le paragraphe 4 et, en particulier, l'alinéa 4 a), s'appliquent à l'entrepôt. Les conditions qui régissent l'application du paragraphe 4.1 sont remplies parce que :***
  - ***SCO et RCO sont des entreprises étroitement liées ;***
  - ***le magasin de SCO constitue un établissement stable de SCO (la définition d'établissement stable ne se limite pas aux situations dans lesquelles un résident d'un État contractant fait usage ou dispose d'une installation fixe d'affaires dans un autre État; elle s'applique également lorsqu'une entreprise d'un État fait usage ou dispose d'une installation fixe d'affaires dans ce même État) ; et***
  - ***les activités d'entreprise exercées par RCO à son entrepôt et par SCO à son magasin constituent des fonctions complémentaires qui font partie d'un ensemble cohérent d'activités d'entreprise (le stockage de marchandises dans une installation aux fins de livraison dans le cadre des obligations qui découlent de la vente de ces biens par l'intermédiaire d'une autre installation dans le même État).***

## C. Autres stratégies visant à éviter le statut d'établissement stable

### *1. Fractionnement des contrats*

16. Le fractionnement de contrats en vue d'utiliser abusivement l'exception du paragraphe 3 de l'article 5 est examiné au paragraphe 18 des Commentaires relatifs à l'article 5 :

> 18. … Le seuil de douze mois a pu donner lieu à des abus; ainsi, il a parfois été constaté que des entreprises (principalement des entrepreneurs ou des sous-traitants travaillant sur le plateau continental ou en liaison avec l'exploration et l'exploitation du plateau continental) fractionnaient leurs contrats en plusieurs éléments dont chacun portait sur une durée inférieure à douze mois et était attribué à une société différente mais faisant partie du même groupe. Outre le fait que de tels abus puissent, selon les circonstances, donner lieu à l'application de dispositions légales ou de règles jurisprudentielles visant à contrecarrer l'évasion fiscale, les pays les plus préoccupés par ces situations pourront y apporter des solutions dans le cadre de négociations bilatérales.

17. La règle du critère des objets principaux (COP) qui sera ajoutée au Modèle de Convention fiscale de l'OCDE suite à l'adoption du rapport sur l'Action 6 (*Empêcher l'utilisation abusive des conventions fiscales*)[3] traitera les problèmes d'érosion de la base d'imposition et de transfert de bénéfices liés au fractionnement abusif des contrats. Afin de clarifier ce point, l'exemple qui suit sera ajouté aux Commentaires relatifs à la règle COP. Pour les États qui ne sont pas en mesure de régler le problème à l'aide de règles internes anti-abus, une règle plus automatique sera également incluse dans les Commentaires en tant que disposition qui devrait être utilisée dans les conventions non dotées de la règle COP ou comme disposition supplémentaire à utiliser par les pays spécifiquement préoccupés par la question du fractionnement des contrats.

***MODIFICATION TRAITANT DU FRACTIONNEMENT DES CONTRATS***

*1. Ajouter l'exemple suivant aux Commentaires relatifs à la règle COP proposée dans le rapport sur l'Action 6 :*

***Exemple J : RCO est une société résidente de l'État R. Elle a emporté un appel d'offres pour la construction d'une centrale électrique pour SCO, une société indépendante résidente de l'État S. La durée prévue de ce projet de construction est de 22 mois. Pendant la négociation du contrat, le projet est scindé en deux contrats distincts d'une durée de 11 mois chacun. Le premier contrat est conclu avec RCO et le second avec SUBCO, une filiale récemment constituée dont RCO possède toutes les actions et qui est résidente de l'État R. Sur demande de SCO, qui voulait s'assurer que RCO serait contractuellement responsable de l'exécution des deux contrats, les accords contractuels sont tels que RCO est conjointement et solidairement responsable avec SUBCO pour l'exécution des obligations contractuelles de SUBCO au titre du contrat SUBCO-SCO.***

***Dans cet exemple, en l'absence d'autres faits et circonstances démontrant le contraire, il serait raisonnable de conclure qu'un des principaux objets de la conclusion du contrat distinct en vertu duquel SUBCO convient d'exécuter une partie du projet de construction est que RCO et SUBCO obtiennent l'avantage prévu au paragraphe 3 de l'article 5 de la convention fiscale entre l'État R et l'État S. Accorder cet avantage dans ces circonstances serait contraire à l'objet et au but de ce paragraphe puisque, sinon, la limitation de temps de ce paragraphe serait vide de sens.***

2. *Remplacer le paragraphe 18 des Commentaires relatifs au paragraphe 3 de l'article 5 par ce qui suit (des modifications parallèles devront également être apportées aux paragraphes 42.45 à 42.48 des Commentaires) :*

18. Le critère des douze mois s'applique à chaque chantier. Pour déterminer la durée d'existence du chantier, il ne faut pas tenir compte du temps que l'entrepreneur a déjà passé sur d'autres chantiers qui n'ont aucun lien avec le premier. Un chantier de construction devra être considéré comme une unité, même s'il est basé sur plusieurs contrats, à condition qu'il constitue un tout cohérent sur le plan commercial et géographique. Sous réserve de cette condition, un chantier de construction constituera une unité même si les commandes ont été passées par plusieurs personnes (par exemple, pour une rangée de maisons). [*le reste du paragraphe apparaîtra désormais au paragraphe 18.1*]

*18.1* Le seuil de douze mois a pu donner lieu à des abus; ainsi, il a parfois été constaté que des entreprises (principalement des entrepreneurs ou des sous-traitants travaillant sur le plateau continental ou en liaison avec l'exploration et l'exploitation du plateau continental) fractionnaient leurs contrats en plusieurs éléments dont chacun portait sur une durée inférieure à douze mois et était attribué à une société différente mais faisant partie du même groupe. Outre le fait que de tels abus puissent, selon les circonstances, donner lieu à l'application de dispositions légales ou de règles jurisprudentielles visant à contrecarrer l'évasion fiscale, ~~les pays les plus préoccupés par ces situations pourront y apporter des solutions dans le cadre de négociations bilatérales.~~ ***ces abus peuvent également être traités par l'application de la règle anti-abus du paragraphe 7 de l'article [X], comme le montre l'exemple J au paragraphe [14] des Commentaires relatifs à l'article [X]. Certains États peuvent néanmoins souhaiter traiter ces abus de manière spécifique. De plus, les États qui n'incluent pas le paragraphe 7 de l'article [X] dans leurs conventions devraient inclure une disposition supplémentaire traitant la question du fractionnement des contrats. Cette disposition pourrait, par exemple, être formulée comme suit :***

***À seule fin de déterminer si la période de douze mois visée au paragraphe 3 a été dépassée, lorsque***

> ***a) une entreprise d'un État contractant exerce des activités dans l'autre État contractant à un endroit qui constitue un chantier de construction ou de montage et que ces activités sont exercées pendant des périodes qui ne dépassent pas douze mois, et***
>
> ***b) des activités connexes sont exercées sur le même chantier de construction ou de montage pendant des périodes différentes de plus de 30 jours chacune par une ou plusieurs entreprises étroitement liées à la première entreprise,***

***ces périodes différentes sont ajoutées à la période pendant laquelle la première entreprise a effectué des activités sur ce chantier de construction ou de montage.***

***Le concept d'« entreprises étroitement liées » utilisé dans la disposition qui précède est définie à l'alinéa b) du paragraphe 6 de l'article (voir les paragraphes 38.8 à 38.10 ci-dessous).***

***18.2 Aux fins de la disposition supplémentaire figurant au paragraphe 18.1, la détermination du caractère connexe ou non des activités dépendra des faits et circonstances de chaque cas. Les critères qui suivent peuvent être particulièrement pertinents à cet égard :***

- ***Les contrats visant les différentes activités ont-ils été conclus par la même personne ou par des personnes liées ?***
- ***La conclusion de contrats supplémentaires avec une personne est-elle la conséquence logique d'un contrat antérieur conclu avec cette personne ou des personnes liées ?***
- ***Les activités auraient-elles fait l'objet d'un contrat unique en l'absence de considérations de planification fiscale ?***
- ***La nature du travail correspondant aux différents contrats est-elle identique ou similaire ?***
- ***Les activités correspondant aux différents contrats sont-elles exercées par les mêmes salariés ?***

### 2. *Stratégies pour la vente de polices d'assurance dans un État sans y avoir d'établissement stable*

18. Dans le cadre du travail relatif à l'Action 7, les problèmes d'érosion de la base d'imposition et de transfert de bénéfices liés à des situations dans lesquelles un vaste réseau d'agents exclusifs est utilisé pour vendre des polices d'assurance pour le compte d'un assureur étranger ont également été examinés. Il a toutefois été conclu en fin de compte qu'il serait inapproprié de tenter de résoudre ces problèmes par une règle relative aux établissements stables qui traiterait les compagnies d'assurances différemment des autres types d'entreprises, et que les problèmes de BEPS qui pourraient surgir dans les cas où un vaste réseau d'agents exclusifs est utilisé pour vendre des polices d'assurance pour le compte d'un assureur étranger devraient être traités par les modifications plus générales des paragraphes 5 et 6 de l'article 5 décrites à la section A du présent rapport.

## D. Attribution de bénéfices à des établissements stables et interaction avec les points d'action relatifs aux prix de transfert

19. Le travail relatif à l'Action 7 qui a été effectué relativement aux problèmes d'attribution des bénéfices s'est attaché à examiner si les règles existantes de l'article 7 du Modèle de l'OCDE seraient indiquées, s'agissant de déterminer les bénéfices qui seraient attribués à des établissements stables suite aux modifications figurant dans le présent rapport. La conclusion de ce travail est que ces modifications ne nécessitent pas un changement de fond des règles et instructions existantes en matière d'attribution de bénéfices à un établissement stable en vertu de l'article 7, mais nécessitent des instructions supplémentaires sur la manière dont les règles de l'article 7 s'appliqueront aux établissements stables qui résulteront des modifications prévues dans le présent rapport, en particulier dans le cas des établissements stables autres que ceux du secteur financier. Il est aussi nécessaire de tenir compte des résultats du travail relatif aux autres parties du Plan d'action BEPS qui traitent des prix de transfert, en particulier du travail relatif aux incorporels, au risque et au capital.

20. Toutefois, force est d'admettre que le travail relatif aux problèmes d'attribution des bénéfices liés à l'Action 7 ne pourra être entamé avant l'achèvement du travail relatif à l'Action 7 et aux Actions 8 à 10. C'est pourquoi, compte tenu des nombreux commentaires qui ont insisté sur la nécessité d'instructions supplémentaires sur la question de l'attribution de bénéfices aux établissements stables, un travail de suivi sur ces problèmes par rapport à l'Action 7 sera mené à partir de septembre 2015 en vue de fournir les instructions requises avant la fin de 2016, échéance pour la négociation de l'instrument multilatéral qui mettra en œuvre les résultats du travail sur les questions liées aux conventions fiscales qui est prescrit par le Plan d'action BEPS.

## Notes

1. Voir le paragraphe 14 des Commentaires relatifs à la règle de vérification des objets principaux figurant à l'annexe 26 de ce rapport.

2. Voir www.oecd.org/tax/treaties/48836726.pdf (projet pour commentaires, 2011) et www.oecd.org/ctp/treaties/PermanentEstablishment.pdf (projet pour commentaires, 2012).

3. Voir le paragraphe 14 des Commentaires relatifs à cette règle, qui est incluse au paragraphe 26 du rapport sur l'Action 6.

## Bibliographie

OCDE (2015a), *Empêcher l'octroi des avantages des conventions fiscales lorsqu'il est inapproprié d'accorder ces avantages, Action 6 – 2015 Rapport final*, Projet BEPS OCDE/G20, Éditions OCDE, Paris, http://dx.doi.org/10.1787/9789264241695-en (version anglaise).

OCDE (2015b), *Relever les défis fiscaux posés par l'économie numérique, Action 1 – 2015 Rapport final*, Projet BEPS OCDE/G20, Éditions OCDE, Paris, http://dx.doi.org/10.1787/9789264241046-en (version anglaise).

OCDE (2014), *Modèle de convention fiscale concernant le revenu et la fortune : Version abrégée 2014*, Éditions OCDE, Paris, http://dx.doi.org/10.1787/mtc_cond-2014-fr.

OCDE (2013a), *Plan d'action concernant l'érosion de la base d'imposition et le transfert de bénéfices*, Éditions OCDE, Paris, http://dx.doi.org/10.1787/9789264203242-fr.

OCDE (2013b), *Lutter contre l'érosion de la base d'imposition et le transfert de bénéfices*, Éditions OCDE, Paris, http://dx.doi.org/10.1787/9789264192904-fr.

# ORGANISATION DE COOPÉRATION ET DE DÉVELOPPEMENT ÉCONOMIQUES

L'OCDE est un forum unique en son genre où les gouvernements oeuvrent ensemble pour relever les défis économiques, sociaux et environnementaux que pose la mondialisation. L'OCDE est aussi à l'avant-garde des efforts entrepris pour comprendre les évolutions du monde actuel et les préoccupations qu'elles font naître. Elle aide les gouvernements à faire face à des situations nouvelles en examinant des thèmes tels que le gouvernement d'entreprise, l'économie de l'information et les défis posés par le vieillissement de la population. L'Organisation offre aux gouvernements un cadre leur permettant de comparer leurs expériences en matière de politiques, de chercher des réponses à des problèmes communs, d'identifier les bonnes pratiques et de travailler à la coordination des politiques nationales et internationales.

Les pays membres de l'OCDE sont : l'Allemagne, l'Australie, l'Autriche, la Belgique, le Canada, le Chili, la Corée, le Danemark, l'Espagne, l'Estonie, les États-Unis, la Finlande, la France, la Grèce, la Hongrie, l'Irlande, l'Islande, Israël, l'Italie, le Japon, le Luxembourg, le Mexique, la Norvège, la Nouvelle-Zélande, les Pays-Bas, la Pologne, le Portugal, la République slovaque, la République tchèque, le Royaume-Uni, la Slovénie, la Suède, la Suisse et la Turquie. La Commission européenne participe aux travaux de l'OCDE.

Les Éditions OCDE assurent une large diffusion aux travaux de l'Organisation. Ces derniers comprennent les résultats de l'activité de collecte de statistiques, les travaux de recherche menés sur des questions économiques, sociales et environnementales, ainsi que les conventions, les principes directeurs et les modèles développés par les pays membres.

ÉDITIONS OCDE, 2, rue André-Pascal, 75775 PARIS CEDEX 16
(23 2015 34 2 P) ISBN 978-92-64-25521-0 – 2016

www.ingramcontent.com/pod-product-compliance
Lightning Source LLC
Chambersburg PA
CBHW061226240926
51846CB00006B/1366
*9789264255210*